KB166880

CliffsNotes™

다락원
논술노트
014

캉디드

Candide

볼테르

다락원 WILEY
Publishers Since 1807

세계의 교양을 읽는다

고전을 왜 읽는가?

인간의 삶과 세상에 대한 영원한 물음이 있기 때문이다. 시대와 사상을 뛰어넘어 지금 여기 우리에게 필요한 물음이 없는 고전은 더이상 고전이 아니다. 인간과 삶에 대한 근원적인 물음 없이 고전을 읽는다면 자신과 인간에 대한 성찰과 지혜로 이어지지 않는다. 논술 시험 때문에, 과제물 때문에, 아니면 남들이 읽으니까, 나도 읽는다는 식이라면 그 책은 죽은 책일 수밖에 없다.

고전을 살아 있는 책으로 만드는 이 '물음!'에 답하기 위해서는 좋은 길잡이가 필요하다. 40년 이상 미국의 고교생과 대학 주니어들이 시험, 에세이 작성, 심층토론 준비를 위해 바이블처럼 애용해온 'CliffsNotes'와 'SPARKNOTES'는 바로 그런 좋은 길잡이의 표본이다. 이 두 시리즈가 원조 논술연구모임인 '일이관지(一以貫之)' 팀의 촌철살인적 해설을 곁들여 〈다락원 논술노트〉로 재탄생해 논술로 고민중인 대한민국 학생 여러분을 찾아간다.

CliffsNotes와 SPARKNOTES의 가장 큰 장점은 방대하고 난해한 고전을 Chapter별로 요약하고 분석해서 원전의 내용에 보다 쉽고 체계적으로 접근하는 신속·간편성이라고 할 수 있다. 여기에 '一以貫之'팀이 원전의 중요한 문제의식, 즉 근원적 '물음'은 무엇이며, 그 '물음'은 오늘날에도 여전히 유효한가, 라는 질문을 다시 던진다.

대입논술로 고민하고, 자칭 타칭의 고전이 넘쳐나는 오늘의 독서풍토에서 지적 정복이 긴박한 대한민국 학생들에게 감히 이 시리즈를 자신 있게 권한다.

一以貫之 논술연구모임 연구실장 이호곤

CliffsNotes와 SPARKNOTES는 방대한 원작을 보다 쉽게 이해할 수 있도록 돕는 안내서입니다. 원작 이해를 돕기 위해 작가와 작품에 대한 배경지식, 그리고 매 장마다 간단한 '줄거리'와 '풀어보기'가 실려 있습니다. '줄거리'를 통해서는 원작의 내용을 명쾌하게 파악함으로써 독서의 즐거움을 느낄 수 있을 것입니다. '풀어보기'에는 원작에 담긴 문학적 경향, 등장인물의 심리상태, 시대상, 주제 등을 설명해 놓았습니다. 비판적 글읽기의 바탕이 되는 요소들이죠. 비판적 글읽기는 소설과 비소설 작품을 막론하고 책을 읽을 때 꼭 필요한 자질입니다.

그 밖에도 작품을 좀더 심오하게 분석할 수 있도록 '마무리 노트', 'Review' 등을 마련해 놓아 독자 여러분의 글읽기를 돕고 있습니다.

* 〈　〉는 장편소설, 중편소설, 논픽션, 시집. "　"는 수필집, 단편소설

○ 일이관지(一以貫之) 논술노트

권말에는 一以貫之 논술팀에서 작성한 논술 노트가 실려 있습니다. 원작을 우리의 삶과 연계시켜 비판적 사고와 논리적 글쓰기의 방향을 제시합니다.

○ 실전 연습문제

논술예제와 기출문제를 통해서는 원작을 바탕으로 출제 가능성이 높은 논점을 함께 숙고해 봅니다.

작가 노트

볼테르의 생애

철학 작가 어네스트 베노가 〈연구와 명상〉(1844)에서 정의한 바와 같이 볼테르적인 사람은, 모든 문제를 분명하게 보려고 드는 사람이다. 종교와 철학에서 자신이 이해하는 것만을 기꺼이 믿으며 모르는 게 있다는 것을 인정하는 사람이다. 그리고 공론보다는 근면을 중시하며, 학설뿐만 아니라 윤리를 단순화하고 유용한 덕목이 되도록 노력한다. 천부적 자유, 양심, 언론, 개인의 자유를 보전하는 온건한 정치제도를 좋아하며, 가능한 한 악을 많이 줄이고 최대한의 선을 확보하며 정의를 가장 큰 혜택 중 하나로 본다. 예술 분야에서는 무엇보다 중용과 진실을 숭상한다. 위선, 광신과 천박성을 혐오한다. 이러한 것들을 혐오하는 데 그치지 않고 그것들과 싸워 없앤다.

이러한 말이 나오도록 고취하고 종종 프랑스 혁명의 아버지로 불리는 볼테르는 개인적 삶에서는 한계가 있었을지 모르지만 '볼테르의 세기'로 불린 18세기에 관용과 자유의 주도적 사도로 부상했다.

볼테르는 성년이 되어서 받아들인 이름이다. 실제 이름은 프랑수아 마리 아루에 Francois Marie Arouet였다. 그는 1694년 11월 21일 파리에서 푸와투 토박이인 중산층 부모의 다섯 번째 아이로 태어났다. 아버지는 꽤 성공한 변호사 겸 공증인이었으며 회계감사국의 출납관이었다. 병약했던 프랑수아는 살 가망이 없어 보였다. 프랑수아의 인생은 '오랜 병치레'로 설명될 수도 있다. 하지만 그는 정력적으로 살았고, 1778년 5월 30일까지 생존했다.

볼테르의 대부였던 샤토네프 대수도원장은 소년에게 특별한 관심을 보였다. 회의론과 기지로 이름 났던 그는 무엇보다도 이 소년에게 이신론(理神論)을 소개했고, 풍자적이고 충격적인 시 "무아사드"의 시구를 암송하도록 가르쳤다.

볼테르의 아버지는 아들에게 법학 교육을 시키기로 결심했고, 1704년 루이 르 그랑 예수회 중학교에 입학시켰다. 그는 이 학교에 열일곱 살 때까지 다녔고 우등상도 많이 탔다. 그의 우수성을 말해 주는 증거는 부친의 고객 중 한 사람이 그에게 크게 감동받아 책 구입비에 쓰도록 2,000프랑을 유언으로 남겼다는 사실에서도 발견된다. 예수회 중학교에서 볼테르는 인문교육을 받았으며 작가로서의 능력과 비판적인 안목도 닦았다. 또한 중요한 것은 연극 훈련을 상당히 많이 받았다는 사실이다. 왜냐하면 예수회는 신도들이 라틴어와 제 나라말로 연극을 공연하게 하는 문예부흥 시대의 전통을 지속했기 때문이었다.

볼테르는 이미 시 쓰는 능력을 보여주었고 위대한 시인이 되기로 결심했다. 그러나 부친은 문학이 돈벌이가 못된다면서 못마땅해 했고 법률 공부를 계속해야 한다고 주장했다. 아들은 마지못해 아버지의 뜻에 따랐다.

전 생애를 통해 볼테르는 영향력 있는 사람들과 친교를 맺는 능력을 보여준다. 혁명 전의 프랑스에서 제대로 된 집단은 귀족 집단임을 알고 있었다. 따라서 대부 샤토네프 대수도원장이 대담할 정도로 자유로운 사교모임인 템플에 입회시켜주자 의기양양해졌다. 그는 템플에서 유명한 문필가들뿐만 아니라 고위 인사들의 환영을 받았다. 볼테르가 볼 때 템플은 '공작들과 시인들'의 모임이었다. 시인들 사이에서 두각을 나타내기로 결심한 그는 풍자시를 썼다. 당시 문학적 명성을 얻는 가장 확실한 길은 비극 시인이 되는 것이었기 때문에 비극시를 쓰기로 했다.

이때 아들이 법률 공부를 소홀히 할 뿐 아니라 그가 속한 모임이 방종으로 흐르는 데 경악한 볼테르의 아버지는 아들에게 파리를 떠나도록 했다. 이것이 그가 경험하게 될 많은 '망명생활'의 시작이었다. 그는 프랑스 대사의 시종으로 네덜란드로 보내졌다. 하지만 그 결과는 지체 높은 젊은 여인과의 불행한 연애사건으로 이어졌다. 이 여인은 신교도였기 때문에 볼테르의 아버지는 받아들일 수 없었다. 볼테르는 다시 파리로 돌아왔다. 1713년이었다.

이때쯤 그는 풍자시와 산문을 통해 상당한 명성을 얻었지만 재능 때문에 때때로 곤경에 빠지곤 했다. 그가 명예를 훼손하는 풍자시를 썼다고 공개적으로 비난받자 아버지는 또다시 그를 파리에서 멀리 떨어진 시골로 보냈고, 거의 일년 동안 생탕쥐 후작의 손님으로 지냈다. 그곳에서도 법률을 공부한 게 아니라 수필을 쓰고 첫 비극을 집필하는 데 시간을 보냈다.

볼테르는 친교능력뿐 아니라 적을 만드는 데도 달인이었다. 그는 감성과 냉소적 기지로 견해를 달리하는 사람들을 공격하면서 거의 악의적인 즐거움을 맛보았다. 그는 파리로 돌아와 문학적·정치적 문제들을 토의하는 명사모임에 소개되었는데, 이 모임의 주재자는 매력적인 멘 공작부인이었다. 그녀는 볼테르에게 자신의 적인 오를레앙의 섭정에 대한 풍자문을 쓰게 했다. 그 일로 인해 1716년 5월 볼테르는 다시 한 번 파리를 떠나야만 했고, 처음에는 툴르, 나중에는 쉴리로 갔다. 그 후 파리로 돌아왔다가 얼마 지나지 않아 더 많은 곤경에 처했다. 특히 두 가지 명예훼손 사건인 〈푸에르토 레그난토〉와 〈제 뷔〉가 대두됐다. 이들의 저자로 의심받은 볼테르는 1717년 5월 16일 바스티유 감옥에 투옥되어 11개월을 복역하고 추방되었다. 감옥에서 생활할 때 〈오이디푸스 왕 OEdipe〉을 고쳐 썼고, 프랑스 왕 앙리 4세의 공적을 기린 서사시 〈앙리아드 L'Henriade〉의 집필을 시작했다. 이 두 초기 작품들이 볼테르가 나름대로 이해한 자유와 정의라는 개념에 투철한 인간임을 드러내고 있음은 주목할 만하다. 〈오이디푸스 왕〉의 주제는 성직자 집단의 포학행위이며, 〈앙리아드〉는 관용을 탄원한 것으로 유명하다.

그가 오로 드 볼테르 Aurot de Voltaire란 이름을 택한 것은 감옥에서 석방되었을 때였다. 귀족적인 불변화사 de는 특히 흥미롭다. 그는 중산층 가정에 속했기 때문이었다. 이것은 그가 출세를 결심했다는 사실을 가리킨다.

1718년 11월에 처음 상연된 비극 〈오이디푸스 왕〉은 즉각적인 성공을 거두었고, 45일간 공연되었다. 이제 볼테르는 재능 있는 비극 시인으로서 파리로 금의환향했다. 하지만 공인들을 겨냥한 풍자문과 풍자시를 썼다는 악명 때문에 어려움을 피하기에는 역부족이었다.

1725년 말 무렵에는 탄탄대로를 달리며 리셸뤼에 공작의 후원과 우정을 누렸다. 그때 운명은 다시 반전되었다. 볼테르의 인기를 시기하던 슈발리에 뒤 로한이 볼테르가 택한 이름을 조롱한 것이다. 두 사람 사이에는 거친 언사가 오갔고 슈발리에는 계속해서 종복들을 시켜 그를 공격하게 했다. 볼테르가 결투를 신청하자 슈발리에는 그를 바스티유 감옥으로 보냈다. 볼테르는 2주 동안 감금되었다가 석방되었지만 또 다시 망명에 직면했다.

볼테르는 1720년대 초에 헨리 세인트 존, 즉 볼링브록 자작을 만났다. 두 사람은 가까운 친구가 되었고, 정기적으로 서신을 교환했다. 그가 영국에서 이후 3년의 대부분을 보내게 된 것은 아마도 이러한 관계 때문이었을 것이다. 이 기간이 볼테르의 인생에서 가장 중요했다는 것이 일치된 견해다.

그는 영국에서 유럽의 일류 문학가 중 한 사람이 되어

돌아왔다. 당시(1726–29) 영국의 문화적 · 지적 풍토는 젊은 볼테르를 즐겁게 했다. 그는 토리당원들과 휘그당원들 모두의 환영을 받았다. 친구와 지인들로는 당시의 주요 문학계 인물들이 있었는데, 포프, 스위프트, 게이, 영, 톰슨 등이었다. 그는 새로 출간된 〈걸리버 여행기 Gulliver's Travels〉의 저자에게 존경과 감탄을 표했고, 이 작품은 〈캉디드〉에 적잖은 영향을 미쳤다. 특히 알렉산더 포프를 존경했는데 그와는 공통점이 많았다. 풍자적 재능, 기지, 훌륭한 시 작법 솜씨, 비판적 기질. 그뿐이랴, 앙심을 품고 상대방의 어리석음을 참지 못하는 것까지 똑같았다.

영국에 있는 동안 볼테르는 영어를 유창하게 구사하게 되었으며, 베이컨, 셰익스피어, 밀턴(볼테르는 죽음과 죄악에 관한 그의 우화는 받아들이지 않았음), 뉴턴, 로크(볼테르는 특히 그의 관용에 관한 견해를 받아들였음)의 저서를 탐독했다. 셰익스피어를 새롭게 발견한 관심으로 그는 로마극 〈브루투스 Brutus〉의 집필에 착수했다. 나중에는 자신을 헌신적인 뉴턴학파로 자리매김했고, 뉴턴의 과학이론에 관한 논문을 썼다. 또한 〈영국인들에 관한 철학 서한〉에 관한 자료도 수집했다. 이 편지들에서는 영국의 문화를 매우 우호적으로 해석했고, 이를 프랑스 문화와 대조했다. 저명한 프랑스의 문학사가 구스타프 랑송은 이 편지들을 '구체제 ancien régime'를 향해 던진 최초의 폭탄이라 일컬었다. 볼테르가 영국과 영국인들에 대해 칭송 일색이었던 것은 분명하다. 그가 알고 있는 프랑스와는 대조적으로 일시적인 거처 영국에서는 자유와 관용을 발견했다. 개인이 말한 내용에는 찬성하지 않을지 모르지만 그런 말을 할 개인의 자유는 죽을 때까지 옹호할 것이라고 선언한 사람이 바로 볼테르였다. 그가 영국을 그토록 찬양했다는 사실은 놀라운 일이 아니다. 그는 〈앙리아드〉의 영국판을 발간하고 영국 여왕에게 헌정했다. 이 책은 대성공이었고, 구독 수입만으로 약 1천 파운드를 벌었다.

하지만 볼테르는 프랑스인이자 파리 시민으로 남았다. 영국 체류가 아무리 즐거웠을지라도 고국으로 돌아가기를 갈망했다. 1729년 여름 귀국허가가 떨어졌다. 그러나 얼마 못 가 또 다시 어려움을 겪었다. 1733년 영국에서 쓴 편지들과 풍자시 〈템플 뒤 구〉의 출간이 유력인사들을 격분시켰다. 전자는 영국인들을 찬양하면서 프랑스 정부와 교회를 공격했고, 후자는 당대의 문필가들, 특히 볼테르의 명성을 예견했던 루소를 풍자했다. 정부는 볼테르 체포영장을 발부했고, 집을 수색했다. 하지만 그때 볼테르는 샤틀레 후작부인, 즉 브레테일드 에밀의 손님으로서 독립 공국인 로레인의 씨레에 가 있었다. 샤틀레 후작부인과는 가까운 사이였다. 그녀와 볼테르의 관계는 약 16년간 계속되었다.

볼테르보다 열두 살 연하인 샤틀레 부인은 여러 모로 주목할 만한 여자였다. 성마르고 종종 까다롭고 상류사회에서는 기피인물이었지만 매력이 있었다. 날카로운 지성을 지녔으며 수학, 과학, 철학에 심취했다. 특히 라이프니츠의 낙관주의적 철학에 몰두했으며, 볼테르의 도움을 받아 대부분의 시간을 라이프니츠의 결론에 대한 해설을 쓰는 데 보냈다. 볼테르처럼 뉴턴에 열광했고, 볼테르가 뉴턴의 이론체계에 대한 해설작업을 하는 동안 〈프린시피아 Principia〉에 해설을 덧붙여 프랑스어로 번역했다.

확실히 이 시절은 볼테르에게 생산적인 기간이었다. 형이상학에 관한 논문을 완성했고, 6편의 희곡을 썼다. 두 편의 시도 완성했는데, 하나는 칼뱅주의의 교리와 공통점이 많았던 얀센주의자들에 대한 풍자인 〈이 세상 사람〉이고, 다른 하나는 〈인간론〉이다. 또한 〈루이 14세의 세기〉와 〈풍속사론〉 집필에 힘썼다.

오를레앙의 섭정이 죽자 파리는 다시 볼테르에게 손짓했다. 1743년 이후에는 주로 극작가 볼테르에 감탄한 리셸뤼에와 퐁파두르 부인 덕택에 왕궁의 총애를 받게 되었다. 새 작품 〈퐁테네의 시〉(1745)가 성공하자 왕궁의 역사편찬가로 임명되는 보상과 더불어 상당한 액수의 연금도 받았다. 그가 다른 형태의 저술인 철학 이야기 — 이 중 〈캉디드〉가 가장 잘 알려지게 되었음 — 로 관심을 돌린 것은 이때쯤이었다. 1746년 드디어 볼테르는 프랑스 학술원 회원에 선출되었고, 문학가와 철학자로서 원숙의 경지를 구축했다.

볼테르의 대담한 필력을 억제할 수 있는 것은 없었다. 〈트라장, 당신은 행복하십니까?〉에서는 루이 15세에 대해 언급했다. 1748년 그는 피신하는 게 좋겠다고 생각했고, 얼마 후에는 샤틀레 부인과 함께 지냈다. 1749년 9월 샤틀레 부인이 사망했지만 파리로 돌아갈 수는 없었다.

볼테르가 한때 만났고 얼마 동안 정기적으로 서신을 교환했던 프레데릭 대왕은 그에게 포츠담으로 올 것을 권했다. 프레데릭 왕은 학술원을 세워 철학자들, 즉 유럽 지성인들의 집단에 또 다른 인물을 추가하고 싶어 했다. 그래서 볼테르는 1750년 포츠담에 주거를 정했다. 그곳에서 후한 연금을 받으면서 매우 야심적인 역사물 〈루이 14세의 세기〉를 완성했다. 새 철학 이야기인 〈미크로메가스〉도 썼는데, 조너선 스위프트의 〈걸리버 여행기〉가 영향을 미치고 있음을 보여준다.

불행히도 프레데릭 대왕과 볼테르의 관계는 잘 풀리지 않았다. 두 사람은 서로가 나름대로 까다로운 존재일 수 있었다. 볼테르는 대왕의 사생활로 인해 기분이 상했고 특히 교만하다는 점을 알게 되었다. 하지만 두 사람의 결별을 가져온 것은 볼테르가 프레데릭 대왕이 총애하는 과학원 원장을 공격한 일이었다. 〈아카키아 박사의 통렬한 비난〉이란 제하의 이 책은 허가 없이 발간되었다. 그리고 볼테르는 책을 전량 폐기할 것이라는 확약에도 불구하고 이 책을 유통시키면서 악의적인 즐거움을 맛보았다. 그 결과 그는 프랑크푸르트에서 체포되고 가방을 수색당하는 수모를 겪었다. 그는 더 이상 독일에 머무를 수 없었다.

특히 독일 체류가 동포들에게는 모욕으로 여겨졌기 때문에 파리로 돌아가면 환영받지 못하리라는 것을 잘 알고 있던 볼테르는 제네바에 주거를 정했다. 그는 이제 부자가 되었다. 아버지와 형제로부터 재산을 물려받았고, 프랑스와 프러시아 왕들이 주는 연금을 받았으며, 작품들(특히 연극들) 중 상당수에서 더 많은 수입을 올렸기 때문이다. 그는 제네바 인근에 있는 한 성을 구입해서 '여름 궁전', 로잔에 또 다른 저택을 사서는 '겨울 궁전'이라고 불렀다. 그가 비극과 많은 시를 비롯해 〈캉디드〉를 쓴 곳이 바로 여기였다. 논증을 다룬 작품들 또한 그의 펜 끝에서 나왔다. 그는 "비열함을 박멸하자"는 슬로건과 함께 종교에 대한 공격을 계속했다.

볼테르는 스위스에서 더욱 큰 관용을 발견했지만 칼뱅주의자들과의 관계는 조화롭지 못했다. 구체적으로, 칼뱅주의자들은 볼테르가 여름 궁전에 개인극장을 지어놓고 자주 연극을 상연한 사실을 알고 놀랐다. 그래서 그는 그 성을 계속 소유하면서 스위스 국경에서 아주 가까운 프랑스의 페르네 성과 영지를 사들였다. 1760년에는 이곳으로 옮겨 조카딸 데니 부인과 함께 살았다. 그는 장원 영주처럼 번창했고, 하인들도 60명이나 되었다. 유명인사가 된 그는 유럽 전역의 많은 귀빈들을 맞으면서 20년 동안 페르네 성에서 살았다.

그가 문학적 주제에 관한 집필을 끝까지 계속하긴 했지만 독자들의 관심은 덜했다. 평생 그는 모든 문학은 가르쳐야 한다는 확신을 갖고 있었고, 바로 이런 목적으로 드라마와 이야기들을 이용했다. 그의 작품들은 종교, 정치, 사회 및 철학 문제들에 대한 지속적 관심을 보여주지만 자신의 매체로서 단지 순문학(純文學)을 이용하는 데 만족하지 않았다. 그는 관용과 정의의 투사가 되었으며 18세기의 에밀 졸라 같은 인물로 부상했다. 매우 주목할 만한 것으로는 〈관용에 관한 논고 Treatise on Tolerance〉가 있다. 이는 종교적 논쟁으로 인해 고문당하고 처형된 장 칼레를 변호하기 위해 쓴 것이다. 이 논문은 매우 효과가 있어서 칼레는 사법 살인의 희생자로 인정받았다. 신성모독 혐의로 죽은 젊은이 슈발리에 드 라 ㅂ르 사건으로 인해 볼테르는 또 다른 강력한 논문을 썼고, 이는 슈발리에의 누명을 벗겨주는 데 효력을 발휘했다.

볼테르는 숙환으로 1778년 5월 30일 84세를 일기로 세상을 떠났고, 샹파뉴의 셸리에르 수도원에 매장되었다. 13년 후 그의 시신은 프랑스의 웨스트민스터 사원이라고 하는 팡테옹에 안장되었다.

다양한 작품 활동

볼테르만큼 다작인 작가를 발견하려면 로프 드 베가나 다니엘 데포 같은 작가에 눈길을 돌려야만 한다. 그의 작품들을 간단히 개관해 보자.

우선 60여 편에 달하는 비극과 희극이다. 언급한 대로 볼테르는 시종일관 극작가였으며, 문학적 인생을 비극 작품으로 시작했고 비극 작품으로 마무리했다. 〈나닌〉은 그의 최고 희극으로 불렸다. 〈자이르〉(1732)와 〈메로프〉(1741)는 프랑스 고전학파의 우수한 연극들에 포함되어 있다.

두 번째 분류는 비연극적인 시다. 이 부문에서는 지칠 줄 모르는 작가였는데, 세 편을 주목하면 충분하다. 첫 번째는 베르길리우스의 〈아에네이드 Aeneid〉를 본뜨고 알렉산더 시행으로 쓰인 영웅 서사시 〈앙리아드〉다. 다음은 〈라 푸첼〉인데, 1755년에 은밀히 인쇄되었고, 첫 인가본이 나온 때도 1755년이었다. 잔 다르크의 명성을 공격하는 해학극이며 ― 〈캉디드〉를 포함 ― 한때 볼테르가 저자가 아니라고 부인되었던 작품들 중 하나였다. 특히 〈캉디드〉와 밀접한 관계가 있기 때문에 주목할 만한 세 번째 시는 지진 다음해인 1756년에 출간된 〈리스본 재해〉다.

세 번째 분류는 서한문을 제외하고 매우 방대한 역사소설이다. 〈루이 14세의 세기〉와 〈풍속사론〉 두 작품은 주로 개인적 정보의 양 때문에 주목할 만하다. 〈제국의 연보〉뿐만 아니라 찰스 12세와 피터 대제에 관한 짧은 연구논문도 언급할 만하다.

그는 물리학 분야에 관해서도 글을 많이 썼다. 그러나 관심을 끄는 분야는 철학적인 두 작품으로, 〈철학사전〉과 〈형이상학 논문〉이다. 전자는 볼테르의 종교관과 정치관을 알 수 있는 주요 자료이고, 성공적이지 못했던 후자는 그가 로크나 라이프니츠 같은 철학가는 아니었음을 증명한다.

또 다른 분류는 비평적이고 잡다한 글이다. 그는 계속되는 논설을 통해 언론인으로서 우수한 능력을 보여주었다. 칼레와 다른 사람들을 위한 변호 논설들이 대표적인 예다. 비평작들 중 백미는 "코르네이유에 관한 비평"이다.

모든 문학은 독자를 계도해야 한다고 믿은 그는 〈캉디드〉를 정치, 종교, 철학에 관한 자신의 가장 심오한 견해를 전달하는 수단으로 이용했다. 그밖에 기억할 만한 작품으로는 〈캉디드〉처럼 젊은 주인공이 널리 여행하며 커다란 위험을 경험하는 〈멤농〉이란 제목으로 첫 출간된 〈자디그〉(1747)가 있다. 이 이야기가 특히 관심을 끄는 것은 볼테르가 이야기를 완전히 낙관적인 어조로 끝맺는 데 있다. 〈40에큐를 가진 사나이〉(1768)는 18세기 프랑스의 정치적 · 사회적 관습을 공격한다. 몇 가지는 성서에 대한 철저한 풍자문들이다. 〈스카멘타도의 항해 역사〉(1756)는 〈캉디드〉에 앞선 예비작이었다.

〈캉디드〉가 많은 독자들을 놀라게 하고 언짢게 하리라는 것을 분명 알고 있던 볼테르는 처음에는 이 이야기의 저자임을 인정하지 않았고, 가공의 글을 덧붙였다. "랄프 박사가 1759년 은총의 해에 민덴에서 타계했을 때 박사의 호주머니에서 발견된 추가 원고와 함께 독일어로 번역했음." 이 작품의 즉각적이고 지속적인 인기는 1759년에서 1789년 사이에 43쇄를 인쇄했다는 사실이 보여준다.

1759년 2월 23일자 볼테르에게 보낸 편지에서 니콜라스-클로드 테이로는 그를 '경구와 농담의 가장 탁월한 저자이며 고안자'라고 칭송했으며 "그의 책은 이 손에서 저 손으로 낚아 채이고 있다"고 했다. 테이로는 볼테르의 작품은 100년을 갈 것이라고 예측하기까지 했고, '루시앙, 라블레, 스위프트 세 사람을 모두 합친 것보다 더 루시앙, 라블레, 스위프트 같은 데가 많다'고 여겼다. 같은 해 프레데릭 M. 그림 역시 〈캉디드〉의 기지와 발랄함을 인정했지만 '숨김없는 비속성, 음란한 이야기와 외설'에 대해 언급하면서 볼테르의 천박함을 개탄했다. 그에게 〈캉디드〉는 우스개에 불과했다. 그러나 다른 사람들에게는 냉소적인 철학자의 진지한 작품이었다.

〈캉디드〉에 대한 비평은 해외에서도 엇갈렸다. 당대의 문학적 독재자 새뮤얼 존슨은 입에 침이 마를 정도로 격찬했다고 하는데, '구상과 실천'의 면에서 자신의 철학 이야기 〈라셀라스 Rasselas〉와 흡사하다고 보았다. 그러나 볼테르가 영국에서 만났던 시인 에드워드 영에게는 〈캉디드〉가 '불손한 쓰레기'에 불과했다. 낭만주의자 윌리엄 워즈워스에게도 마찬가지였다. 그는 〈캉디드〉를 다음과 같이 평가했다.

한 사람의 냉소자의 펜에서 나온 이 따분한 산물,
불경한 자만심으로 굳어진
마음에서 배출되는 불순한 자만.

〈캉디드〉를 하나의 우스개로 평가절하했거나 볼테르의 냉소주의를 개탄한 사람으로는 칼라일을 추가할 수 있다. 칼라일은 볼테르가 한 가지 위대한 사상을 지녔다는 사실을 부인했고, 그의 작품을 '단지 논리적인 우스개'로 묘사했다.

하지만 시간이 지나면서 시계추는 볼테르에게 유리하게 기울었다. 한 비평가는 이 작품이 100년은 갈 것이라고 썼다. 이미 이 작품은 200년이 훨씬 넘게 우리 곁을 지키고 있으며 현명한 독자들이 찾는 한 계속 그 명성을 이어갈 것이다.

Chapter 별 정리 노트

Chapter 1

 캉디드의 첫 불행

이야기는 베스트팔렌 지방, 툰더 텐 트롱크 남작, 몸무게 350파운드의 아내, 아름답고 젊은 딸 퀴네공드와 이름 없는 아들이 살고 있는 남작의 높고 장대한 성에서 시작된다. 캉디드는 이 성에서 행복하게 살고 있다. 캉디드란 이름은 선량한 마음과 (볼테르는 빈정대며 덧붙인다.) 올바른 판단력을 지닌 그의 인격을 가리킨다. 남작의 가정에서 눈에 띄는 사람은 가정교사 팡글로스 박사다. 그는 심오하고 박식한 철학자로 존경받고 있었고, 세상만물은 모두 필연적으로 최선의 목적을 위해 존재한다고 굳게 믿고 가르쳤다. 다시 말해 그것은 충족이유를 인식하고 인과관계의 논리를 받아들이는 문제에 귀착한다는 것이다. 그리하여 그와 그의 제자들에게 이곳은 정말 '있을 수 있는 세계에서 최선의 세계'인 것이다. 만약 캉디드에게 소망이 있었다면 맨 먼저 강력한 남작이, 두 번째는 아름다운 퀴네공드, 그리고 세 번째로는 현명한 팡글로스 박사가 되는 것이었을 터였다.

이 첫 장에서 의미심장한 사건은 팡글로스와 한 이름 없는 하녀의 불륜과 관련이 있다. 퀴네공드가 자기 아버지 저택의 작은 숲에서 벌어진 그 행위를 목격했다. 이 일은 이 '실험물리학' 실습과 인과관계에 관한 충족이유에 큰 흥미를 느낀 그녀는 캉디드의 도움을 받아 직접 실험해 보기로 결심했다. 두 사람이 병풍 뒤에 숨었을 때 기회는 왔다. 하지만, 애석

하게도 남작 각하께서 두 사람을 발견하고 말았다. 퀴네공드는 뺨을 맞았지만 가엾은 캉디드는 문자 그대로 엉덩이를 세게 발로 걷어차이고 성에서 쫓겨났다. 그는 베스트팔렌에 있는 최선의 세계에서 추방되었다.

　　거만한 툰더 텐 트롱크 남작은 볼테르가 오랫동안 긴밀한 관계를 맺었던 프레데릭 대왕을 표상하는 사람 중 하나였다. 나중에 알게 되겠지만 프러시아의 지배자로 확인되는 것으로 보이는 사람은 남작의 아들이다. 남작의 아들은 아버지를 빼닮았다. 남작은 지나치게 허영에 차고 전지전능한 것으로 묘사된다. 그는 늘 '각하'로 불린다. 시종들은 그의 얘기를 들을 때마다 웃음을 터트린다.

　　보다 독창적인 이론에 따르면, 캉디드는 이따금 작품의 다른 부분에서처럼 여기서 어느 정도 볼테르를 나타낸다는 것이다. 볼테르는 자신이 서출임을 의심했다고 하며, 그래서 아주 낙천적이고 세상살이에 만족하는 삶을 시작했다. 더욱이 아름다운 퀴네공드는 다름 아닌 샤틀레 부인이라는 점이 암시되었고, 퀴네공드-캉디드의 관계는 프레데릭 대왕 여동생이 품은 트렝크 남작에 대한 연모를 나타낸다고도 했다.

남작의 성에 기거하는 철인(哲人) 이름인 팡글로스는 그리스어에서 유래하며 '모든 언어'란 뜻이다. 따라서 볼테르의 조롱과 풍자는 〈캉디드〉의 초장부터 나타난다. 팡글로스가 독일의 위대한 철학가 겸 수학자인 고트프리드 빌헬름 라이프니츠를 풍자한 인물이라고 하는 것은 분명 지나친 말이 될 것이다. 왜냐하면 볼테르는 라이프니츠를 한 번 이상 칭송한 적이 없기 때문이다. 하지만 팡글로스의 낙관적인 철학은 라이프니츠 철학에 대한 풍자다.

볼테르의 주 공격목표는 '모든 것은 최선으로 되어 있다'는 낙관적 철학이지만 인간의 과도한 자만심과 기본적인 왜소함을 포함한 다른 것들에 대한 풍자도 소홀히 하지 않았다는 점을 알아야 한다. 따라서 소문에 따르면 남작의 여동생은 귀족의 지위를 나타내는 문장(紋章)에 선대(先代) 71대까지만 입증할 수밖에 없었던 연인과의 혼인을 거부했다는 것이다. 사실 귀족이 소유할 수 있었던 최대한의 선대 수는 이보다 훨씬 적다. 게다가 남작 자신은 어떠한가? 남작의 위대함을 평가하는 기준은 그의 성에 문이 하나, 창문이 하나, 웅장한 홀 벽에 걸린 한 점의 벽걸이 자수였던 것이다. 이 점에서 키가 그의 백성들보다 엄지 손톱 길이만큼 컸던, 조너선 스위프트가 쓴 거인국의 황제를 생각나게 한다.

Chapters 2, 3

 줄거리 전쟁의 '영광들'

굶주림과 피로로 빈사상태에 빠진 캉디드는 혹한 속에 인근 마을 쪽으로 발을 질질 끌며 걸어가는 비참한 상태가 되어버렸다. 한 여인숙 문

에서 두 병사가 그에게 말을 걸었다. 이상하게도 그들은 그의 키가 5피트 5인치라는 사실만으로 음식을 사주겠다고 하고 돈도 주겠다고 했다. "사람은 서로 돕고 살게 마련이야"라고 한 병사가 말하자 캉디드는 감동하고, 팡글로스 박사의 가르침을 확인하게 되자 기뻤다. 그들은 캉디드에게 불가리아 왕의 건강을 위해 축배를 들라고 권한 다음, 그가 이제 왕의 병사이며 명예와 부가 보장된 영웅이 되었다고 선언했다.

이러한 영예를 받은 사람으로서 캉디드가 받은 대접은 좀 놀라웠다. 그는 차꼬가 채워져 연대로 이송되었고, 거기에서 쉴 새 없이 훈련을 받고 매 맞아 죽기 직전까지 이르렀다. 어느 날 그는 도망쳤지만 수마일도 못 가서 '동료 영웅' 네 명이 그를 따라잡아 묶고 토굴 감옥에 처넣었다. 그는 벌을 선택하라는 명령을 받고는 당연히 총살을 당하니 연대원 전원에게 36대씩 무자비하게 매 맞는 쪽을 택했다. 볼테르가 그 벌에 대해 설명한 바와 같이 그 풋내기는 죽음을 택하는 게 더 현명했을지도 모른다. 하지만 그가 살아남을 수 없을 것 같이 보였을 때 불가리아 왕이 나타나서 조사를 하고 사면해 주었다. 3주 후에 캉디드는 건강을 회복하고 아바리안족과의 전쟁에 다른 동료들과 참전할 수 있었다.

3장에서 볼테르는 전쟁의 '영광들'을 묘사했다. 잘 훈련된 군대, 군악, 그리고 '영웅적인' 도살. 캉디드는 이러한 것들로부터 숨을 수 있을 만큼 숨었다. 양쪽 진영의 왕들이 자신들의 "테데움 성가"를 부르게 하고 있는 동안 그는 다른 곳에서 인과관계를 추론해 볼 때가 됐다고 결정했다. 그는 산더미처럼 쌓인 시체와 죽어가는 부상자들을 넘고 가서 아바리안족의 한 마을에 도착했다. 그곳은 국제법 규정에 따라 불살라진 터라 잿더미가 되어 있었다. 캉디드는 전쟁의 참혹함이 어떻게 무고한 민간인을 덮칠 수 있는지를 직접 목격했다. 여자, 아이들, 노인들은 전쟁의 참화를 피할 수 없었다.

캉디드는 다른 마을로 도망쳤다. 그곳은 불가리아 마을이었다. 그곳과 주민들도 똑같은 참화를 당했다. 그는 퀴네공드 양을 결코 잊어본 적이 없었다. 그는 네덜란드에 당도하자 과거 베스트팔렌에서처럼 여기서도 잘 대접받으리라고 낙관했다. 왜냐하면 네덜란드인들도 기독교인들이지 않은가? 하지만 이 굶주린 젊은이는 자선이라곤 거의 발견하지 못했다. 그가 적선을 요구하자 한 토박이 네덜란드인은 그를 감옥에 처넣겠다고 위협했고, 또 한 사람의 호전적인 신교도는 캉디드가 교황에 대해 바라던 대답을 하지 않자 지독한 욕을 퍼부었다. 세례를 한 번도 받은 적이 없던 한 재침례파교도가 착한 사마리아인의 역할을 했다. 그의 후의와 친절은 캉디드에게 팡글로스 박사의 지혜에 대한 믿음을 재확인시켜주었다. 즉 이 최선의 세계에서는 모든 것이 최선으로 되어 있다는 것을.

그러던 중 캉디드는 상처투성이의 한 거지를 만났다. 그 거지의 눈은 생기라곤 없었고, 코끝은 병으로 문드러지고 없었다. 입은 비뚤어졌고 몸은 심한 기침으로 망가져 있었다. 그는 기침이 발작할 때마다 이빨을 뱉어냈다.

풀어보기

위에서 요약한 두 장은 반전(反戰) 풍자로 매우 주목할 만하다. 볼테르는 이 작품을 쓸 당시 진행중이었던 7년 전쟁의 살육과 황폐에 경악했다. 불가리아인들은 프러시아인들이다. 오랫동안 비평가들과 편집자들은 볼테르가 한때 그의 후원자였던 프레데릭 대왕을 얘기하려고 불가리아인을 택했다고 지적해 왔다. 볼테르는 프레데릭 대왕을 남색꾼으로 의심했다. 프랑스어인 bougre는 비역쟁이를 뜻하는 영어 단어 bugger와 같으며 Bulgare에서 유래한다. 볼테르는 프랑스인들을 나타내기 위해 스키타이족의 이름인 Abarians라는 용어를 택했다. 그러나 2장에서는 먼저 프레데릭 대왕의 훈련 교관직을 조롱하고 '영웅들'은 단지 자동 인형들이 되어버린다는 점을 암시한다. 의도적인 무관심으로 글을 쓰는 그는 여느 때처럼 풍자에 의존한다. 전쟁에 부수되는 살육과 파괴에 대한 묘사는 매우 통렬하며, 적대적인 왕들이 하느님을 찬양하러 각자의 병영으로 돌아가는 모습을 말할 때 풍자는 절정에 이른다.

　　또한 주목할 만한 것은 볼테르가 당대의 종교적 관행을 발견하면서 종교에 대해 가한 공격이다. 재침례교도의 온정과 후의에 대한 이야기가 밝히듯, 볼테르는 성직자들과 평신도들이 관용과 자비를 보여주지 못하자 교회를 의심했다. 그가 보기에 침례교도들의 실천 행동은 다른 종파의 행위들보다 원시 기독교도들의 행위에 더 가까웠다. 볼테르가 재침례교도를 그의 착한 사마리아인으로 선택했다는 것은 매우 흥미로운 일이다. 분명 그는 이신론자였지만 행위에 의한 정당화를 강하게 믿었다. 특히 그는 종교적 광신도들의 극단적인 행위를 개탄했다.

반종교적 풍자에는 볼테르가 자유의지에 관해 했던 말이 포함될 수도 있을 것이다. 기독교 교리, 분명 로마 가톨릭에 기본적인 것은 이성을 지닌 인간은 선과 악 사이에서 선택을 할 수 있고 또 해야만 한다는 명제다. 선량한 캉디드는 전쟁이 악하다는 것을 알았지만 병사가 될 것인가 아닌가에 관해서는 선택의 여지가 없다는 것을 알았다. 그가 할 수 있는 최선의 방법은 전투가 일어날 때 숨는 것이었다.

분명 볼테르는 주요 논제인 낙관적인 철학에 대한 공격을 등한시하지 않고 3장 끝에 측은한 거지에 대한 소개와 묘사를 삽입한다.

Chapters 4-6

 거지가 된 팡글로스를 만나다

아니 이렇게 기이한 일이 있을 수 있을까! 그 병들고 불쌍한 거지는 다름 아닌 낙관주의의 창도자인 자신만만하고 박식한 팡글로스 박사로 밝혀졌고, 박사는 최선의 세계에서 일어나고 있는 매우 암울한 소식들을 갖고 있었다. 캉디드가 흠모한 퀴네공드는 죽었다. 졸도했다가 깨어난 캉디드는 이렇게 물어봤음직 하다. "오, 최선의 세계요, 그대는 어디 있는가?"라고. 특히 그녀가 불가리아 병사들에게 능욕당하고 배가 갈렸다는 사실, 그들이 남작부인을 난도질하고, 남작의 머리통을 박살내고, 그의 아들을 죽이고 모든 것을 파괴했으며, 그 밖의 전쟁 영웅담에 관한 더 많은 증거를 알게 되었을 때.

다시 한 번 캉디드는 기절했다. 그는 정신이 들자 스승을 그토록 비참한 상태로 전락시켰던 인과관계와 충족이유에 대해 물었다. 캉디드는 스승이 남작부인의 예쁜 시종 파케트와 은밀한 사이였다는 것을 알았다. 하지만 전에 파케트는 어떤 박식한 프란치스코 수사와 관계를 가졌다가 성병에 감염되었다. 팡글로스는 이 성병의 근원을 콜럼버스의 동료들에게 돌렸다. 이들이 신세계에서 그 병을 옮겨왔다는 것이다. 캉디드는 "이 이상한 계보의 근원은 악마가 아닐까요?"라고 물었다. 하지만 팡글로스는 모든 것이 논리적이며 최선으로 되어 있다고 확신했다. 즉 만약 콜럼버스와 그의 동료들이 신세계로 항해하지 않았더라면 유럽은 지금 초콜

릿과 양홍(洋紅)을 즐기지 못할 거라고. 그 이유는 충족되었던 것이다. 게다가 성병이 퍼진 방식도 놀랍지 않은가?

또다시 그 자비로운 재침례교도가 구원의 손길을 뻗었다. 팡글로스는 한 쪽 눈과 귀만 잃고 쾌유되었다. 이 낙천적 철학자는 그의 장부담당자로 채용되었다. 캉디드와 함께 두 사람은 리스본으로 여행을 갔다. 도중에 팡글로스는 은인에게, 사람은 늑대로 태어난 것은 아닌데 늑대가 되어 서로를 죽이려고 한다는 자신의 철학을 설명했지만 재침례교도는 그 타당성을 믿지 않았다. 팡글로스 박사는 재침례교도에게 개인의 불행은 일반의 선이 된다고 확신시켰다. 불행이 많으면 많을수록 모두에게 그만큼 좋은 것이다. 이때쯤 배는 리스본 항을 눈앞에 둔 지점에서 무서운 폭풍우를 겪기 시작했다.

선원들과 승객들은 모두 사나운 바다에서 배가 힘없이 흔들리자 공포에 사로잡혔다. 지휘자는 없었고 선원들 누구도 협조하지 않았다. 오직 재침례교도만이 도우려고 노력했지만 겁에 질린 한 선원이 그를 세차게 때렸다. 선원은 너무 세게 때리려다가 균형을 잃고 배 밖으로 떨어졌다. 돛대에 걸린 그는 정신을 잃은 것 같았다. 착한 재침례교도는 그를 구하고 목숨을 잃었다. 은인이 죽는 걸 보고 캉디드는 자신을 희생하고 싶었지만 팡글로스는 현명하신 하느님이 이 모든 것을 역사하셔서 그 재침례교도는 생존하지 못할 거라고 설득했다. 박사에겐 계속 만사가 최선으로 되어 있었다. 그 순간 배가 두 동강 났다. 캉디드, 팡글로스 그리고 재침례교도가 구한 그 무정한 선원을 빼고 모두 죽었다. 캉디드와 팡글로스는 널빤지를 타고 육지로 올라왔다.

리스본에 도착하자마자 그들은 수천 명이 목숨을 잃고 도시 자체를 쑥대밭으로 만들어버린 무서운 지진을 시민들과 함께 경험했다. 팡글로스조차도 이 재앙에 대해 충분한 원인을 설명하지 못하고 쩔쩔맸다. 캉디드는 세상의 종말이 왔다는 것을 확신했다. 재침례교도가 구조한 선원은 폐허더미에서 재빨리 돈을 찾고, 술에 취하고, 눈에 보이는 여자들과 섹스를 즐기기 시작했다. 그는 팡글로스의 핀잔을 받고는 자기는 일본에서 기독교를 네 번이나 포기한—유럽 무역상들의 출현에 분개한 일본인들이 요구한 사항—선원이었으며 팡글로스와 그의 보편적 이성을 경멸할 따름이라고 대답했다.

팡글로스가 지진의 원인에 대해 이유를 대고 있는 동안 부상당한 캉디드가 도움을 간청했다. 마침내 그가 물을 갖다 주었다. 다음날 두 사람은 약간의 음식을 찾았고 지진에서 살아남은 사람들의 고통을 덜어주는 일을 했다. 물론 팡글로스는 모두에게 철학적 위안을 주었다. 그런데 조그만 검은 피부의 사내 하나가 팡글로스에게 설명을 요구했다. 그 사내는 팡글로스가 원죄를 믿지 않는 것 같다고 주장했다. 왜냐하면 만약 모든 것이 최선으로 이루어져 있다면 타락과 처벌도 있을 수 없을 테니까. 그러나 팡글로스는 자기 입장을 그럴싸하게 옹호했다.

리스본의 4분의 3이 파괴되었기 때문에 포르투갈의 현자들, 특히 코임브라 대학교의 학자들은 완전 파괴를 피하자면 종교 화형식이 필요하며 즉시 몇 사람을 골라 의식을 갖춰 약한 불에 태워 죽이는 광경을 보여야 한다고 결정했다. 화형식 제물로는 자기 대자녀(代子女)의 대모(代母)와 결혼한 혐의를 받은 한 비스케(스페인 북부 지방) 사람과 닭고기를 먹으면서 비곗살을 떼고 먹은 것—이는 그들이 유대인이며 따라서 기독교계의 적임을 증명한 것—으로 알려진 두 명의 포르투갈 사람들이었다. 나중에 팡글로스와 캉디드는 체포되어 감금되었는데 전자는 종교에 배치되는 말을 한 죄로, 후자는 그 말을 들은 죄였는데, 명백한 사형죄였다. 일주일 후 두 사람에게는 종이로 만든 뾰족한 모자가 씌워지고 산베니토(화형에 처해질 이단자가 걸쳐야 하는 노란색 옷)가 입혀졌다. 뾰족 모자와 옷은 모두 화염과 악마들로 무섭게 장식되어 있었다. 두 사람은 줄지어 걸었고, 아침 설교에 이어 성가를 들었다. 캉디드는 음악에 맞춰 매질을 당했고 비스케인은 화형을 당했다. 그리고 팡글로스는 일반적인 관례와는 전혀 다르게 교수형에 처해졌다. 하지만 바로 그 날 또 공포의 지진이 발생했다.

캉디드가 남작의 성에서 쫓겨난 이래 일어났던 모든 일들을 돌이켜보며 이러한 일이 최선이라면 다른 세상은 어떨까, 라고 의아해 하는 것은 조금도 놀랄 일이 못된다. 그가 태형에 처해지고, 설교를 듣고, 죄를 용서받고, 축복받고 있을 때 한 노파가 나타났다. 그녀는 그에게 용기를 갖고 자기를 따라오라고 명령했다.

여기서 볼테르는 특히 자신이 본 교회의 불관용, 불의, 잔인성을 공격했다. 다시 한 번 그는 이성의 행사와 미신의 배격을 암묵적으로 기원했다. 그는 우선 성직자의 서약을 무시하고 신명을 따르지 못한 교회의 각 신도들에게 비판의 포문을 겨냥했다. 팡글로스가 파케트에게서 옮은 성병은 파케트가 '매우 박식한 프란치스코 수사'였다가 나중에 예수회 수사가 된 자로부터 얻은 것이었다. 자비로운 재침례교도—그는 계속 자기 목숨을 희생하면서 사해동포애(四海同胞愛)를 보여주었다—와 관련한 세부 묘사에서 그는 반종교적인 풍자를 하고 하느님의 섭리 이론을 배격했다. 재침례교도가 구조한 그 짐승 같은 선원이 헤엄을 쳐서 안전하게 해변으로 올라간 것이다.

종교 화형식에 관한 이야기는 매우 파괴적이다. 이는 재판과 필요시에는 이단으로 고발된 개인들에게 형을 집행하는 목적으로 소집되는 집회다. 많은 사람들에게 이것은 종교 재판소의 무시무시한 공포를 암시했다. 볼테르가 그의 이야기에서 보여준 것은 기본적으로 이 개념이다. 저자의 냉소와 비아냥은 시종 명백하다. 예를 들어 유죄판결을 받은 비스케인, 두 명의 포르투갈인, 팡글로스 그리고 음악에 맞춰 매질을 당한 캉디드가 들은 '그 감동적인 설교 다음에 이어진 아름다운 음악'에 관한 이야기를 주목하자. 또한 종교재판소의 관리를 맡고 있는 사나이와 팡글로스가 그 전에 나눈 대화에는 낙관주의 철학에 대한 볼테르의 한 가지 반대가 포함되어 있다. 그가 볼 때 낙관주의 철학은 원죄의 교리를 부정하고 있다.

리스본의 지진과 화재는 1755년 11월 1일에 발생했다. 3만 명이나 죽고 도시는 폐허가 되었다. 이는 볼테르가 재앙이 발생한 직후 쓴 〈리스본 재해에 관한 시〉와 〈캉디드〉에서 철학적 낙관주의에 대해 두 차례 거센 공격을 하게 만든 중대 사건이었다.

젊은 주인공이 '사랑하는 팡글로스'의 교수형을 목도하고 '가장 훌륭한 사랑하는 재침례교도'의 익사 장면을 지켜봐야 했을 때, 그리고 진주 같은 퀴네공드 양의 배가 갈려진 이 모든 사실의 필연적인 원인도 모른 채 몹시 슬퍼하는 모습에서 볼테르의 이야기는 여러 절정 중 하나에 이르게 되었다.

Chapters 7-10

캉디드와 퀴네공드의 재회

노파는 캉디드를 오두막집으로 데리고 가서 상처에 바를 연고를 주고 음식과 마실 것을 주었다. 그리고 나서는 옷 한 벌과 괜찮은 침대를 마련해 주었다. 캉디드는 노파의 자비심에 감동해 그녀의 손에 입을 맞추려고 했다. 그러나 그가 입을 맞춰야 할 손은 노파의 손이 아니라는 수수께끼 같은 말을 들었다. 노파는 그의 안녕을 비는 짤막한 기도를 했고, 다음 날 다시 오겠다고 약속했다.

캉디드는 불운했지만 먹고 잘 수 있었다. 아침에 노파는 음식을 갖고 다시 나타났다. 그런 다음 이틀 동안 그를 돌봐주었다. 캉디드는 거듭 노파의 신분과 자기에게 왜 친절하게 대하는지 물었지만 설명하려고 하지 않았다. 저녁 무렵 돌아온 그녀는 조용히 함께 가자고 말했다. 노파는 그를 정원과 운하로 둘러싸인 외딴 시골집으로 데리고 갔다. 노파가 문을 두드리자 작은 문이 열렸고, 캉디드는 그녀를 따라 숨겨진 층계를 올라가 금빛 내실로 들어갔다. 그런 다음 노파는 자리를 떴

다. 캉디드는 당황했다. 잠시 그는 자신의 전 인생은 사악한 꿈이었으며 지금 이 순간이 멋진 꿈이라고 생각했다.

이번에는 노파가 바들바들 떠는 한 여인을 부축해 방으로 들어왔다. 그 여인은 체격이 컸고 보석으로 빛났다. 얼굴은 베일로 가려져 있었다. 노파는 캉디드에게 베일을 벗기라고 말했다. 아니 이럴 수가! 여인은 그가 그토록 사모했던 퀴네공드가 아닌가! 놀라 말문이 막힌 두 사람은 기절을 했고, 노파의 도움으로 의식을 회복했다. 눈치껏 노파는 두 사람만 있도록 자리를 떴다.

캉디드는 퀴네공드에게 물어볼 게 많았다. 그렇다, 그녀는 능욕과 부상을 당했지만 그 시련을 이겨낸 것이 분명했다. 하지만 그녀의 아버지, 어머니, 오빠는 살해되었다. 그녀는 이야기를 마치기 전에 캉디드에게 그의 이야기도 해달라고 했고 동정 어린 자세로 얘기를 들었다.

퀴네공드의 이야기는 캉디드의 얘기만큼이나 한 편의 드라마 같았다. 그녀는 불가리아인들이 툰더 텐 트롱크 성을 공격한 것과 아버지, 어머니, 오빠가 도륙된 이야기를 자세히 했다. 그녀 자신도 윤간을 당했고 칼에 옆구리가 찔렸다. 캉디드는 그 상처를 볼 수 있으면 좋겠다고 했다. 퀴네콩드는 "나중에 보여드릴게요"라고 대답하고 이야기를 다시 시작했다.

한 불가리아 대위가 나타나서 그녀에게 몹쓸 짓을 했던 병사를 죽이고, 상처를 치료해 주었으며 그녀를 포로로 잡아 자기 막사로 데리고 갔다. 얼마 동안 그녀는 대위를 위해 하녀일을 해주었다. 대위는 그녀에게 매우 호감을 가졌다. 퀴네공드는 대위가 매력이 없는 건 아니었지만 철학이라 곤 거의 없다고 덧붙였다. 대위는 팡글로스 박사의 교육을 받은 적이 없 었기 때문이었다. 3개월이 지난 후 돈도 떨어지고 젊은 여인에 대한 입맛 도 잃은 대위는 그녀를 여자를 밝히는 돈 이사카르란 유대인에게 팔아넘 겼다. 이사카르는 네덜란드와 포르투갈에서 무역을 하는 사람이었다. 하 지만 퀴네공드는 그의 색욕을 잘 물리쳤고, 이사카르는 그녀를 길들이려 고 베스트팔렌의 성 못지않은 이 으리으리한 시골집으로 데려왔다.

어느 날 미사에서 그녀에게 눈독을 들인 종교재판소 판사가 은밀히 나눌 얘기가 있다는 전갈을 보내왔다. 그의 궁전에서 퀴네공드가 자신을 지체 높은 부인이라고 밝히자 그는 유대인의 소유가 되어 있다며 그녀를 나무랐다. 돈 이사카르는 판사를 위해 그녀를 양보하라는 요구를 받았다. 하지만 이사카르도 힘이 없는 것은 아니었다. 무엇보다도 그는 왕실의 은 행가였기 때문이었다. 이사카르는 판사의 요구에 따르기를 거부했다. 판 사도 퀴네공드에 대한 열정이 너무나 강해 포기하려 하지 않았다. 마침내 이사카르는 두 사람이 그녀와 집을 공동 소유한다는 데 동의했다. 그 유 대인은 퀴네공드를 월요일과 수요일에, 판사는 일요일에 소유하기로 했다. 이러한 생활 설계는 완전한 평온을 이루는 데 도움이 되지 못했다. 하지 만 더욱 중요한 것은 지금까지 그녀는 두 남자들을 뿌리치는 데 성공했다 는 점이며, 이들의 욕정은 바로 그 때문에 더욱 강렬해졌다.

종교재판소 판사가 종교 화형식을 '거행하기로' 한 것은 지진을 막고 돈 이사카르에게 겁을 주기 위한 것이라고 퀴네공드가 설명했다. 그 집회 에서 그녀는 귀빈이었고 미사와 처형 사이에 다과를 제공받는 사람들에 끼어 있었다. 그녀는 화형을 목격하고 소름이 끼쳤지만 먼저 팡글로스가 교수형에 처해지는 것과 그 다음 벌거벗은 캉디드가 태형당하는 것을 보고 공포에 질려 있었다. 그녀는 항의 표시로 소리를 지르기엔 자신이 너무 약하다는 것을 알았다. 팡글로스 박사가 이것이 최선의 세계라고 했을 때 그녀는 자기가 속았다는 생각이 들었다.

노파에게 지시해 자신의 연인을 찾아서 숲 속의 집으로 데려오라고 한 사람은 퀴네공드였다. 그녀는 그를 다시 만난 기쁨을 드러냈고, 두 사람은 저녁을 먹으려고 앉았다. 하지만 곧 돈 이사카르가 도착했다. 그 날은 일요일이었고, 그는 자신의 권리를 즐기러 왔던 것이다.

유대인은 캉디드가 퀴네공드와 함께 있는 것을 보자 화가 치밀었다. 그는 그녀를 두 남자의 사랑에도 만족하지 않는 '갈릴리의 요부'라고 비난하면서, 긴 칼을 빼들고 캉디드를 공격했다. 또다시 위험에 처한 이 온화한 젊은이는 자기 칼로 그 공격을 막고 상대방을 살해했다. 퀴네공드는 무서웠다. 만약 경찰이 오면 그녀와 캉디드는 교수형에 처해질 것이다. 캉디드는 만약 팡글로스가 교수형에 처해지지 않았더라면 자신들에게 어떻게 대처할 것인지 말해 주었을 거라고 한다. 팡글로스는 위대한 철학자가 아니었던가? 팡글로스가 없었기 때문에 두 사람은 노파와 상의했다.

노파가 두 사람에게 조언을 시작했을 때 종교재판소 판사가 도착했다. 자정이 한 시간 지난 때였고 그가 아름다운 퀴네공드를 방문할 차례였다. 판사는 태형을 받은 캉디드가 이제는 칼을 갖고 있고, 유대인은 살해되었고, 퀴네공드는 공포에 질려 있는 하나의 완전한 극적인 장면을 보았다. 새로운 위험을 잘 알고 있던 캉디드는 잠깐 머뭇거리다가 판사도 죽이고 시체를 죽은 유대인 옆에 던져버렸다.

퀴네공드는 자신과 캉디드는 사면받을 기회가 없다는 점을 알고 있었다. 그들은 파문을 당할 것이다. 그녀는 인정 많은 캉디드가 2분만에 유대인과 판사를 죽일 수 있었다는 것에 특히 놀랐다. 캉디드는 사람이 태형을 받고, 사랑하고, 질투심이 날 때는 제정신이 아니게 된다고 대답할 수밖에 없었다.

이제 노파가 말할 차례가 되었다. 그녀는 마구간에 세 필의 안달루지아 말이 있으니 캉디드가 말들을 끌어와 이 유대인 집에서 탈출하라고 말했다. 노파는 퀴네공드가 비용을 충당할 만한 돈과 보석을 가졌다고 했다. 비록 자신의 엉덩이가 한 쪽뿐이지만 자기도 말을 타고 가겠다고 했다. 그들은 탈출을 실행에 옮겼다.

그들이 떠난 지 얼마 되지 않아 포르투갈 경비대가 집에 들이닥쳐 시신들을 발견했다. 돈 이사카르의 시신은 쓰레기통에 던져졌고, 종교재판소 판사의 시신은 멋진 교회의 지하에 매장되었다. 이미 캉디드, 퀴네공드, 노파는 시에라 모레나 산맥의 한 작은 마을에 도착해 여인숙에서 휴식을 취하고 있었다.

퀴네공드는 누군가 자신의 돈과 보석을 훔쳐갔다는 것을 발견했다. 이제 그들은 무일푼이 되었다. 노파는 자신들이 다른 마을의 여인숙에서 묵을 때 그곳에 있었던 경건한 프란치스코 신부가 도둑이라고 확신했다. 캉디드는 팡글로스가 종종 세상의 물건은 모든 사람의 것임을 종종 그에게 증명했었다는 점을 기억했다. 이 원리에 따르면 신부는 돈과 보석 일부를 그들에게 남겨두었어야 했다고 그는 결론지었다.

다시 계획을 생각해낸 것은 노파였다. 말 한 필을 팔아라. 두 필 중 한 필은 자기가 퀴네공드와 함께 타면 세 사람은 카디스로 갈 수 있다. 그리고 그렇게 했다. 그들은 카디스에서 스페인과 포르투갈 왕에 대한 모반을 꾀하려고 자신들의 한 부족을 부추겼다는 혐의를 받는 호전적인 예수회 신부들을 진압하기 위해 파라과이로 파견될 함대와 군대가 편성되는 것을 목격했다. 캉디드는 자신의 군사훈련 지식을 이용해 스페인 장군을 깊이 감동시켜 보병 중대장을 맡게 되었다. 퀴네공드, 노파, 시종 두 명(왜냐하면 그는 이제 중대장이었기 때문에), 그리고 귀중한 말 두 필과 함께 그는 남아메리카로 떠났다.

항해중 팡글로스 박사의 철학은 열띤 토의의 주제가 되었다. 캉디드는 자기들이 신세계에서 최선의 세계를 발견할 것으로 확신했다. 하지만 자기들이 겪었던 것을 모두 기억하는 퀴네공드는 여전히 미심쩍어했다. 노파는 두 연인들 중 어느 누구도 자기만큼 고생을 하지 않았다고 말했다. 회의적인 퀴네공드는 이 말에 웃음을 지었다. 노파는 자신의 얘기를 할 태세였다.

: 풀어보기

먼저 주목해야 할 점은 이야기를 새로운 일화로 넘기며 긴장감을 유지하는 볼테르의 능숙한 방식이다. 노파는 위기 해결사처럼 캉디드가 어느 쪽으로 가야 할지 모르는 바로 그 중요한 순간에 나타난다. 그리고 퀴네공드의 정체가 밝혀지기 전까지 지나가 버린 시간과 캉디드의 거듭된 질문들을 주목하자.

다음, 퀴네공드의 경험은 그 폭력성과 드라마 같은 특성이 캉디드의 경험과 비슷하고 대비적인 요소가 된다. 인격 면에서도 두 연인은 서로 보완이 된다. 두 사람은 계속 팡글로스 박사를 존경했다. 그리고 퀴네공드는 캉디드보다는 믿음이 훨씬 덜해지기 시작했지만 어느 누구도 스승이 주입한 낙천적 철학을 완전히 버리지 않았다. 캉디드가 퀴네공드를 발견한 것은 그가 팡글로스를 발견한 것과 비슷하다. 그는 두 사람 모두 죽었다고 생각했었다. 치밀한 반어법을 써서 볼테르는 퀴네공드로 하여금 불가리아인들을 아버지의 성에 보내게 해서 하늘을 기쁘게 했다는 말을 하도록 했다. 그녀는 여전히 낙관적 철학의 기본인 필연적 인과의 개념을 받아들였다. 작가는 다음과 같은 말을 캉디드가 하게 함으로써 풍자와 재치를 보여준다. "우리는 다른 우주로 갈 거야. 확실히 만사형통인 곳은 바로 그곳이야. 왜냐하면 우리 우주의 물리적·도덕적 영역에서 발생하는 일에 대해 우리는 약간 신음을 할지 모른다는 점은 인정해야 하기 때문이지." '약간 신음을 하다' 는 너무도 많은 고난을 견뎌온 한 젊은이의 반응을 묘사하는 것이 아닌가! 확실히 그 모든 잔인성과 불의에도 불구하고 인생은 그에게 참으로 더디게 교육을 시키고 있었다. 하지만 퀴네공드는 계속 팡글로스를 숭배하고 그의 심오한 견해를 얘기하면서도 이전처럼은 팡글로스가 옳다고 확신하지 못했다.

이 장들에서는 또한 반교회 풍자가 진행된다. 이는 교회의 고위 관리인 종교재판소 판사에 대한 언급에서 명백해진다. 퀴네공드에 대한 그의 부정한 열정이 처음 생긴 것은 미사에서다. 그는 그녀와의 통정(通情)을 위해 유대인과 경쟁했고, 유대인과 그녀를 공유하기로 동의까지 했다. 또한 그가 종교 화형식을 거행하기로 했던 두 가지 이유 중 하나가 비기독교인인 돈 이사카르를 겁주는 데 있었다는 것은 의미심장하다.

그리고 포르투갈 경비대가 판사와 유대인의 시체를 발견했을 때 전자는 교회의 정식 의식을 통해 매장된 반면, 유대인은 마치 개의 사체처럼 쓰레기더미 위로 내던져졌다. 이 모든 것에 프란치스코 수사가 퀴네공드의 돈과 보석들을 훔쳤다는 거의 확실한 사실을 덧붙여보라.

　　파라과이에서의 봉기에 예수회가 책임이 있었다는 사실은 정치혁명을 결코 지지하지 않은 볼테르가 볼 때 교회 내의 불의에 대한 새로운 증거였다. 즉, 특히 성직자들은 카이사르의 것은 카이사르에게로 돌려야 한다는 것이다. 일찍이 1605년에 예수회 수사들은 이 작은 남미국가에 일종의 국가안의 국가를 세우는 데 성공했으며 비록 자신들이 그 정부를 장악하지는 못했을지라도 원주민들에게 무기 사용법을 훈련시켰다. 하지만 부에노스아이레스의 총독 자발라의 강력한 지원으로 1735년 반예수회와 유사(類似) 민족당은 분쇄되었다. 1750년 스페인의 페르디난도 6세는 포르투갈에 라과이라 지구와 우루과이 동쪽 약 2만 마일 떨어진 곳의 영토를 할양했다. 예수회 수사들은 적극적으로 저항했고, 그들을 제압하는 데는 스페인과 포르투갈 연합군이 필요했다. 캉디드에서 언급된 봉기는 1756년에 발생했고, 이 이야기는 많은 점에서 시사적 흥미를 주는 좋은 예가 된다.

Chapters 11, 12

 노파의 이야기

노파는 자신이 교황 우르반 10세의 딸로서 팔레스트리나의 공주였으며 열네 살 때까지는 독일의 어느 성도 따라오지 못하는 호화로운 성에서 살았다고 했다. 당연히 그녀의 의상은 베스트팔렌의 훌륭한 것들 전부보다 더 값이 나갔다. 그녀의 아름다움 역시 모두가 찬탄했고 비할 데가 없었다.

그녀는 마사카라라 공국의 최고 미남인 왕자와 약혼했으며, 결혼식에 걸맞게 공들인 축제가 준비되었다. 그러나 결혼식이 거행되려고 하던 바로 그때 결혼을 질투한 정부가 왕자에게 독을 먹여 무서운 경련을 일으키며 죽었다. 절망에 찬 어머니는 그녀를 가에타 근처의 영지로 데려가기로 하고 수행원들과 함께 화려하게 장식된 갤리선을 타고 떠났다. 도중에 그들은 해적의 공격을 받았다. 호위 병사들은 겁쟁이들이었고, 모두 지독한 수모를 당했다. 해적들은 놀라울 정도로 능숙하게 남자 여자 가릴 것 없이 모두 발가벗겼다. 이 모든 것이 도저히 참을 수 없었지만 그 다음 단계는 더욱 심했다. 해적들의 몸수색은 충격적이리만큼 철저했다. 해적들은 몸 속 어딘가에 감춰져 있을 보석을 수색했던 것이니까. 그녀와 어머니, 시녀들 모두는 모로코에 노예로 팔려갔다. 그녀는 극악무도한 해적 선장에게 능욕을 당했다. 그 자는 자기가 그녀에게 큰 영광을 베풀었다고 확신했다. 노파는 해적들의 냉혹성을 단지 강조하는 것으로 만족했으며 세세한 데까지는 말할 필요가 없다고 했다. 이러한 일들은 너무 흔해서 얘기할 가치조차 없다는 것이었다.

이들이 모로코에 도착했을 때는 도처에서 살육이 자행되고 있었다. 물리 이스마엘 황제의 아들 50명은 50개의 파벌을 형성하여 50회의 내란을 일으켰다. 살육은 제국 전역으로 퍼졌다. 해적에 적대적인 흑인 파벌들 중 한 곳이 도난당한 보물을 압수하고 나서는 여자들을 차지하려고 격렬히 싸웠다. 공포에 질린 그녀는 모든 이탈리아 여성과 그녀의 어머니가 몸이 찢기고, 베이고, 학살되는 것을 목격했다. 해적 선장은 그녀를 자기 뒤에 숨겨 놓고 그의 언월도로 자기에게 다가오는 자들을 모조리 죽였다. 마침내 양쪽 파벌의 병사들이 모두 죽고, 그녀는 시체더미 위에서 죽어가고 있었다. 이와 유사한 광경이 모로코 전역에서 일어났다. 하지만 살아남은 자들은 마호메트가 명령한 하루 다섯 번의 기도를 모두 올렸다.

그 가엾은 여자는 간신히 기어서 냇가의 한 오렌지 나무에 이르렀고 공포, 탈진, 절망과 굶주림 때문에 기절했다. 얼마 동안 그녀는 의식을 잃고 생과 사의 길목에서 스러져가고 있었다. 그 때 누군가가 자기 몸을 밟고 있다고 느껴 일어나서 보니 잘 생긴 백인이 거세된 것을 슬퍼하고 있었다. 제 나라 말을 듣게 되어 놀랍고 기뻤던 그녀는 그의 말에 놀라기도 했지만 세상에는 그보다 더한 불행이 있다고 말해 주면서 그 낯선 남자를 위로하려고 노력했다. 그녀는 간략히 자신이 경험했던 공포를 얘기하고는 실신했다. 그 남자는 그녀를 근처에 있는 집으로 데려가서 침대에 누이고 간호하면서 이번에는 자신이 그녀를 위로하려고 했다. 그 남자는 그녀의 미모에 압도되어 거세된 것이 이렇게 원망스런 적은 없었다고 말했다. 그리고 나서 그는 얘기를 시작했다.

그는 나폴리에서 태어나 매년 거세되는 3천 명의 소년 중 하나가 되었다. 어떤 아이는 그 결과 죽었고, 어떤 아이들은 아름다운 목소리의 가

수가 되거나 나라를 다스리게 되었다. 그는 살아남아 그녀의 어머니인 팔레스트리나 공주마마의 성당의 가수가 되었다. 그리고 두 사람은 아주 어릴 적에 함께 양육되었다는 사실도 알았다.

두 사람은 그들의 경험담을 나누었다. 이 정직한 내시는 그녀에게 '다른 기독교 국가들의 교역을 근절하는 일을 도우려고' 탄약, 무기 그리고 선박과 관련한 조약을 체결하기 위해 모로코 왕에게로 보내졌다고 말했다. 그의 임무는 완수되었다. 그는 이제 그녀를 다시 이탈리아로 데려갈 계획이었다. 다시금 그는 자신이 내시라는 사실에 신음했다.

이 '정직한' 내시는 대신 그녀를 알제리로 데려가 그 지방의 태수에게 팔아넘겼다. 그곳에서는 무서운 역병이 창궐했다. 그녀 말로는 지진보다 더 끔찍했다. 그녀는 그 전염병의 희생자가 되었다. 교황의 딸이고 15세에 가난, 노예, 그리고 거듭되는 강간을 견뎌왔던 그녀, 어머니가 네 토막으로 잘리는 것을 본 그녀가 이제 알제리에서 역병으로 죽어가고 있었던 것이다. 그러나 내시, 태수, 그리고 거의 모든 후궁들은 죽었지만 그녀는 살아남았다. 그녀는 한 상인에게 팔렸으며, 상인은 그녀를 튀니지로 데려왔고 이어 트리폴리, 알렉산드리아, 스미르나와 콘스탄티노플에서 계속 이리저리 팔렸다. 마지막으로 그녀를 산 사람은 터키 황제의 근위대장이었다. 그는 러시아 군대에 맞서 아조프 시를 방어하라는 명령을 받았다. 여색을 밝히는 그는 자신의 처첩들을 모두 데리고 갔다.

터키와 러시아 양측의 살육과 파괴는 엄청났다. 아조프 시는 화염과 피로 뒤덮였으며, 남녀노소를 불문하고 가차 없이 도륙되었다. 두 명의 내시와 20명의 근위병들이 방어하는 처첩들의 거처인 요새만이 남았다. 러시아 군대는 그들을 굶겨 죽일 작정이었다. 용맹스러웠지만 굶주림에 지친 근위병들은 항복하지 않고 두 명의 내시를 잡아먹었다. 며칠 후에는 여자들도 잡아먹을 기세였다. 그러나 한 경건하고 자비로운 이슬람교 성직자가 그들에게 자제를 당부하며 여자들의 엉덩이 한 쪽만 잘라내라고 설득했다. 그리하여 러시아 군대가 납작한 배를 타고 와 근위대를 전멸시키기 직전 그 무서운 작업이 이뤄졌다. 다행히 프랑스 외과의사들이 있어서 그들 중 한 명이 여자들을 돌봐주었다. 그는 여자들을 치료하고 위로해 주었다. 엉덩이 한 쪽을 떼어내는 것은 전쟁의 법칙이었다.

그녀와 동료들은 모스크바로 보내졌고 거기서 그녀는 러시아의 귀족의 노예로 배정되었다. 그는 그녀를 정원을 돌보는 하녀로 삼고 매일 매질을 당하게 했다. 그러나 그 귀족은 다른 귀족들과 함께 사소한 죄목으로 형차에 매달려 찢어죽임을 당했고, 그녀는 러시아 전역을 가로질러 도 망갈 수 있었다. 그녀는 로테르담을 포함, 여러 도시에서 하녀로 일하면 서 서유럽 멀리 도망쳤다. 한때 매우 아름다웠던 그녀는 비참한 생활을 하면서 많이 늙어버렸고, 수십 번 자살을 생각했지만 그래도 인생을 사랑 했다. 이 같은 삶에 대한 집착은 인간의 어리석음을 나타내는 증거 중 하 나다. 인간은 생명을 삼키는 뱀을 어루만지다가 결국은 자신의 심장을 먹 히고 만다. 자신들의 삶을 증오하고 자살할 용기를 지녔던 극소수의 사람 들 중에서 그녀는 삶의 헛됨에 관해 논문을 쓴 독일인 교수 로베크의 경 우를 예로 든다. 그는 1739년 67세의 나이에 물에 빠져 죽었다.

노파가 한 말의 요지는 이렇다. 대부분의 일은 상대적이다. 남작의 딸 퀴네공드는 물론 많이 고생했다. 하지만 이 세상에는 악이 널리 퍼져 있고 다른 사람들도 고생을 하는데, 종종 그 정도가 훨씬 심하다. 좌우간 엉덩이 한 쪽을 베인 사람이 몇 명이나 될까? 그녀가 끝맺는 충고는 사람 은 자신이 얻을 수 있는 모든 즐거움은 취해야 하고, 살아가는 과정에서 다른 사람들로부터 배워야 한다는 것이다. 퀴네공드는 자기 삶을 종종 저 주하면서 자살을 생각해 보지 않은 사람은 어디서도 찾지 못할 것이다.

: 풀어보기

노파의 이야기는 낭만적인 모험담에 매우 특징적인 주 제 이탈의 몇 가지 예들 중 하나다. 그러나 이것은 볼테르에게 다른 표적물에 대한 가시 돋친 풍자뿐만 아니라 라이프니츠 의 낙관적인 철학을 공격하는 새로운 기회가 된다. 이 장에 나타나는 악의 으뜸가는 증거는 전쟁의 살육이다. 볼테르는 이미 불가리아-아라비아 간의 싸움에 대한 설명에서 전쟁에 관한 자신의 강력한 견해를 확립했으며, 이제 이 같은 자신의 견해를 다시 굳혔다. 이 장에서 묘사된 전쟁은 서유럽의 전쟁보다 훨씬 더 잔인했다. 그녀는 모로코에 도착해서 형제끼리 최악의 내란을 벌여 온 나라가 피로 물드는 것을 보았다. 반전 풍자는 특히 무고한 민간인들을 공포 속으로 몰아넣은 터키와 러시아 간의 전쟁 이야기에서 전개되었다.

볼테르는 종교와 교회에 대한 자신의 계속되는 싸움의 고삐를 늦추지 않았다. 그 노파는 교황의 사생아인 것으로 드러났다.

하지만 종교적 풍자의 영역에서 교회에서 자랐고 예수회 수사들에 의해 교육받았던 볼테르가 가톨릭교회만을 공격했다고 결론지어서는 안 된다. 그의 풍자는 그 내시가 다른 기독교인들과의 교역행위를 근절하는 조약을 체결하기 위한 임무를 띠고 모로코에 파견된 경위를 말했을 때 더욱 전반적이 되었다. 즉 평화의 왕자 그리스도를 경모하겠다고 공언한 사람들이 서로 격렬히 대적한 것이었다. 볼테르가 치명적 결점을 발견한 것은 단순히 기독교만이 아니라 종교 전반이었다. 이는 그가 독실한 이슬람교도들이 전쟁의 폭력이 계속되는 사이에 그들의 신앙에 정해진 대로 반드시 매일 다섯 번 기도를 한다고 말했을 때 분명해진다. 이는 굶주린 근위대원들을 설득해 근위대장의 처첩들을 죽이기보다는 그들의 엉덩이 한 쪽을 베어내게 한 '경건하고, 동정심 많은' 그 성인의 이야기에서 더욱 강조된다. "하늘은 당신의 그 자비로운 행동을 기뻐할 것이오."

볼테르의 확고한 견해는 프랑스 구체제의 몰락을 가져오는 데 큰 역할을 했다. 그는 전처럼 인간이 인간에 대한 잔학행위를 정당화하려고 관습과 법률에 비논리적으로 호소하는 행위에 풍자의 초점을 맞췄다. 그는 가능한 모든 풍자를 이용해 15세 소녀에게 해적들이 여자들을 상스럽게 몸수색한 것은 단지 '바다를 돌아다니는 문명국가들 사이에서 태고적부터 확립된 관습', 몰타의 기사들 관습을 따랐을 뿐이었다는 것을 알려주었다. 그리고 노파와 동료들에게 그들이 겪은 정도의 잔학행위는 흔한 일이라며 안심시킨 사람은 선량하게 보인 그 프랑스 외과 의사다. 즉, 그것은 전쟁의 법칙이라는 것이었다. 몰타의 기사들에 대한 언급에서도 반종교적인 풍자를 하고 있음을 감지할 수 있다.

끝으로 이 두 장의 마지막 부분에서는 이신론자와 계몽주의자들 사이에서 종종 토의되는 주제인 절망을 소개했다. 인간의 불의, 불관용, 탐욕은 너무도 많은 악을 전 세계로 퍼뜨렸다. 악은 또한 자연 그 자체에서 유래했으며, 빅토리아 여왕 시대의 알프레드 로드 테니슨의 말을 빌리면 악의 이빨과 발톱은 붉을 수도 있다. 현명한 사람이라면 죽음을 좋은 휴식기로 맞이하리라는 게 논리적일 듯하다. 그래서 주장은 이랬다. 노파는 신산한 삶을 살아오면서 엄청나게 많은 사람들이 자신들의 생에 진저리치는 것을 보았지만 생에 종지부를 찍은 용감한 사람은 12명뿐이었다고 말했다. 교회는 절망을 용서받을 수 없는 죄악 ─ 종교적 덕목인 희망의 거부 ─ 으로 여기기 때문에 볼테르가 종교적 정설(正說)을 배격한 정도를 알 수 있다. 기독교적 금욕주의도 그에게는 답이 되지 않았다.

Chapters 13-16

:줄거리 부에노스아이레스, 파라과이, 오레용족 땅에서의 모험

노파는 퀴네공드를 보며 승객들에게 모험담을 말하도록 시켜보라고 조언했다. 퀴네공드는 그렇게 했고 비관적인 주장이 옳았다는 것을 알았다. 캉디드는 팡글로스 박사가 이 자리에서 그의 낙관적 철학을 말해야 하는데 없다는 점과 이제 자기가 그 박식한 박사에게 몇 가지 이의를 제기하게 됨을 유감으로 여겼다.

배는 부에노스아이레스에 도착했고, 퀴네공드와 캉디드 대위, 노파는 자부심에 차고 거만한 '돈 페르난도 디바라 이 피구에오라 이 마스카레네스 이 람푸르도스 이 수자' 총독을 방문했다. 총독이 주된 열정을 쏟는 것은 여자였다. 퀴네공드의 미모에 끌린 그는 캉디드와 결혼했느냐고 물었다. 총독의 속셈에 놀란 캉디드는 둘은 약혼한 사이이며 총독에게 결혼식을 올려달라고 간청했다. 그러자 오만한 총독은 캉디드에게 군대나 열병하라고 명령하고, 자기는 다음날 퀴네공드와 결혼하겠노라고 선언했다. 그녀는 결혼을 결심하기 전에 노파와 상의할 시간을 잠시 달라고 청했다.

노파의 조언은 매우 실질적이었다. 지체 높은 퀴네공드도 이젠 궁핍해졌으니 남미 최대의 주군의 아내가 되면 재산을 되찾을 수 있을 것이라고 했다. 그 많은 불행 끝에 그녀에게 기회가 찾아왔는데 지금 어떠한 유혹에도 흔들리지 않을 정절을 자랑하는 것이 그녀를 위하는 길일까, 라고

노파는 물었다. 자기 같으면 총독과 결혼하는 데 아무런 거리낌이 없을 것이라고 했다.

노파가 말하는 동안 작은 배가 한 척 들어오고 있었다. 그 배에는 스페인 법관 한 명과 경찰들이 타고 있었다. 그들은 퀴네공드의 돈과 보석을 훔친 프란치스코 수사를 잡았다고 했다. 그 수사가 보석을 팔려고 할 때 보석상이 종교재판소 판사의 것임을 알아차렸던 것이다. 그 죄인은 교수형에 처해지기 전 사실을 털어놓았고, 퀴네공드와 캉디드의 도주가 마을 관리들에게 알려졌다. 그때부터 이들은 카디스에 이어 부에노스아이레스로 두 사람을 추적했던 것이다. 노파는 일행이 스페인 경찰의 수배를 받고 있다는 것을 알자 공주를 위로했다. 그녀는 살인 혐의도 없을 뿐더러 이제는 총독이 보호해 줄 것이라고. 노파는 캉디드를 찾아내 도주하라고 재촉했다. 그래서 또다시 풋내기 캉디드는 비길 데 없이 아름다운 퀴네공드와 이별해야 했다. 이제 어디로 갈 수 있단 말인가?

독자는 이제 캉디드가 스페인에서 그의 시종으로 혼혈이며 경험이 풍부한 카캉보라는 남자를 데리고 왔던 것을 알게 된다. 사실 카캉보는 소년 성가대원, 성당지기, 수사, 거간 상인, 군인, 종복의 경력이 있었다. 그는 충성스럽고 헌신적이었다. 주인이 처한 곤경을 알자 그는 재빨리 두 필의 안달루시아 말에 안장을 얹고 캉디드에게 뒤도 돌아보지 말고 달리라고 재촉했다. 즉시 결혼하기를 기대했던 캉디드는 퀴네공드 때문에 눈물을 흘렸다. 하지만 카캉보는 공주 걱정은 하지 말라고 했다. 여자들은 늘 제 앞가림은 잘 하며 하느님이 돌봐준다는 것이다. 그래서 캉디드는 운명을 하인 손에 맡기는 신세가 되었다. 카캉보는 자신들이 예수회 수사들과 싸우도록 파견된다면 수사들 쪽으로 합류하자고 말했다. 예수회 수사들은 불가리아 식으로 훈련시킬 수 있는 대위를 환영할 테니 출세가 확실하다는 것이다. 캉디드는 카캉보가 이전에 파라과이에 있었던 사실을 알았다. 그는 아솜션 대학에서 하인으로 있었고, 따라서 예수회의 통치방식에 정통했으며 이를 매우 훌륭한 것으로 설명했다. 사실 그는 예수회 수사들만큼 신성한 사람은 알지 못했다.

첫 번째 방책에서 두 사람은 사령관과의 접견을 청했다. 캉디드와 카캉보는 무장이 해제되고 말이 압수된 후에야 접견이 허용되었다. 캉디드가 스페인인이 아니고 독일인이었기 때문에 미사를 집전한 후 병사들을 사열했던 사령관은 멋지고 잘 꾸민 정자에서 그를 맞아주었다. 그곳에는 황금색 그릇에 담긴 진수성찬이 마련되어 있었다.

자부심이 매우 강한 젊은 예수회 사령관은 두 사람에게 무기와 말을 돌려주라고 명령했다. 카캉보가 말에게 먹이를 주러 나가자 캉디드는 먼저 사령관의 옷자락 끝에 입을 맞춘 후 식탁에 앉았다. 독일어로 질문하던 사령관은 그 객이 베스트팔렌 출신이고 툰더 텐 트롱크 성에서 태어났다는 사실을 알게 되었다. 이어서 너무도 놀라운 사실이 또 하나 발견된다. 사령관은 자신이 아름다운 퀴네공드의 오빠라고 밝힌 것이다. 불가리아인들에게 살해되었다고 캉디드가 말했던 그 남자였다. 교수형에 처해지지만 않았다면 팡글로스 박사가 얼마나 기뻐했을까, 하고 순진한 캉디드는 외쳤다. 사령관은 신과 성 이냐시오에게 감사하고 또 감사했다.

이어 캉디드는 사령관에게 그의 여동생이 살아 있고 건강하다는 것과 지금 부에노스아이레스의 총독과 함께 있으며 자신은 파라과이의 예수회 수사들과 싸우러 왔다고 말했다. 그들은 오랫동안 식탁에 머물렀고, 사령관은 특히 부모가 살해되고 누이동생이 능욕당한 날을 상기하면서 오래도록 얘기했다. 당시 불가리아인들은 그가 죽은 것으로 생각하고 시신을 다른 시체들과 함께 매장하려고 마차에 실었다. 그런데 한 예수회 신부가 아직 살아 있는 그를 발견하고 구해 줌으로써 그의 운명이 바뀐 것이다.

사령관은 말을 계속하면서 자신이 매우 잘 생겼음을 캉디드가 기억할 것이라고 했다. 그는 준수한 용모 덕분에 수도원장의 총애를 받았다. 그는 수련 수사가 되었고 나중에는 로마에 파견되었다. 그리고 마침내 파라과이에 파견될 독일의 젊은 가톨릭 수사들 중 한 사람으로 뽑혔던 것이다. 그는 파라과이에서 빠르게 출세했다. 그는 부제 겸 중위, 최종적으로는 대령 겸 신부가 되었다. 그는 캉디드에게 스페인 군대는 대패할 것이며 파문을 당할 것이라고 자신 있게 말했다.

남작은 지칠 줄 모르고 캉디드를 포옹하며 자기 형제요 구세주라고 불렀다. 그들은 정복자로서 부에노스아이레스에 입성해 퀴네공드와 재회할 수 있을 것이라고 말했다. 캉디드에게는 이보다 더 기쁜 소식이 없었으며, 남작의 여동생과 결혼하고 싶다는 사실을 털어놓았다. 그랬더니 캉디드에게 그토록 극진했던 남작은 격노하면서 그 불행한 젊은이를 건방진 놈으로 매도했다. 72대 귀족 가문인 자기 여동생에게 캉디드 같은 놈이 뻔뻔스럽게 어떻게 결혼을 하겠다고 할 수 있단 말인가! 어이가 없던 캉디드는 남작을 설득하려고 노력하면서 자신이 공주를 유대인과 종교재판소 판사로부터 구한 경위를 설명하고, 팡글로스 박사가 늘 자신에게 사람은 평등하다고 했다는 말을 덧붙였다. 그러면서 자신은 퀴네공드와 결혼할 작정이라고 굳은 마음으로 말을 맺었다.

남작은 자신을 억제할 수 없었다. 그는 칼 등으로 캉디드 얼굴을 때렸고, 캉디드도 가만히 있지 않고 칼을 뽑아 남작을 푹 찔렀다. 또다시 사람을 해치지 않을 수 없었던 자신의 처지에 대해 섬뜩해진 캉디드는 운명을 한탄했다. 이 세상에서 가장 친절한 자기가 두 사제를 포함해 세 남자를 죽였기 때문이다.

　정자 문가에 서 있던 카캉보는 이 모든 사태를 지켜보았다. 그는 주인 곁으로 달려와 주인에게 이제 자신들의 생명을 비싸게 내놓아야겠다고 말했다. 그는 냉정을 잃지 않았다. 아무튼 과거에 폭력을 수없이 목격하지 않았던가. 카캉보는 죽은 남작의 옷을 캉디드에게 입히고 남작의 사각모자를 씌워 말에 오르게 했다. 그리고는 쏜살같이 달아나면서 영리한 하인은 "길을 비켜라, 사령관 신부를 위해 길을 비켜라!"라고 외쳤다.

　두 사람은 파라과이 방어를 위해 세워 놓은 장애물들을 안전하게 넘었다. 카캉보는 식량을 가져오는 것도 잊지 않았다. 미지의 나라에 깊숙이 들어간 두 사람은 말에서 내렸다. 카캉보는 음식을 먹기 시작하면서 주인에게도 권했다. 그러나 캉디드는 남작의 아들을 죽이고 이제 퀴네공드도 언제 다시 만날지 모르는데 어떻게 햄을 먹을 수 있느냐며 목청을 높였다. 그는 자신이 여생을 회한과 절망으로 보낼 운명임을 확신했다. 그리고는

트레부 지는 뭐라고 쓸 것인가, 하고 자문했다.(트레부 지는 1701년 창간된 예수회의 간행물을 가리킨다.) 어쨌든 그는 식사를 했다.

두 사람은 젊은 여인들의 절규를 듣고 깜짝 놀라 벌떡 일어났다. 그 소리는 벌거벗은 두 여자의 목소리였다. 원숭이들에게 쫓겨 달아나던 중 원숭이들에게 물렸던 것이다. 캉디드는 동정심에서 스페인제 쌍발총으로 원숭이 두 마리를 사살했다. 신이 기뻐할 것이라고 그는 카캉보에게 말했다. 그는 이 선행으로 인해 종교재판소 판사, 유대인, 그리고 예수회 남작에 대한 살인죄를 상쇄할 수 있으리라고 생각했다. 아마도 이러한 행동으로 이해 그들은 이 낯선 나라에서 이로움을 얻게 될 것이다. 그러나 여인들은 그 구조자에게 감사하러 달려오지 않았다. 그러기는커녕 오히려 울면서 죽은 두 마리 원숭이들을 애틋하게 감쌌다. "난 이렇게 착한 사람들은 예상하지 못했어"라고 캉디드는 말하고 자기가 그 여자들의 연인들을 죽였다는 것을 알게 되었다. 카캉보가 다시 한 번 그를 일깨워주었다. 어쨌든 모든 원숭이들은 인간을 4분의 1 닮은 것이니 어떤 나라 여자들이 원숭이들에게 정서적 애착을 갖는 것은 이상할 게 없다는 것이다. 그러자 캉디드는 팡글로스 박사가 이러한 결합에 대해 말해 준 적이 있었지만 그 모든 이야기는 우화의 영역에 속한 일로 믿었던 것을 기억했다. 카캉보의 말을 듣고 난 지금은 좀더 잘 알게 되었다.

두 사람은 숲으로 들어가서 식사를 하고 잠을 잤다. 잠이 깼을 때 그들은 움직일 수 없었다. 밤사이 오레용족들이 나무껍질로 만든 줄로 그들을 묶어놓았기 때문이었다. 화살, 돌몽둥이, 손도끼들로 무장한 50명의 벌거벗은 오레용족들이 그들을 에워쌌다. 어떤 원주민들은 가까운 곳에서 커다란 솥에 물을 끓이고 있었고, 구이용 꼬치들을 준비하는 축들도 있었다. 오레용족 모두가 예수회 수사를 잡아먹어 복수할 것이라고 외쳤다. 카캉보는 자신들의 곤경이 그 여자들 탓이라고 했다. 가마솥과 꼬치를 바라보며 캉디드는 자신들이 구이가 되거나 삶아지기 직전임을 알았다. 그러면서 팡글로스 박사가 순수한 자연 상태가 어떤 것인지를 보면 뭐라고 말할까, 하고 생각했다.

여전히 카캉보는 결코 냉정을 잃지 않았다. 그는 주인을 위로하고 자신이 오레용족의 언어를 좀 알고 있으니 그들과 얘기를 해보겠노라고 했다. 그리고는 매우 조리 있게 말했다. 그는 오레용족과 토론하며 국법이 우리 이웃을 죽이라고 가르쳤고, 따라서 모든 사람들은 법에 따라 행동해야 하므로 예수회 수사는 먹어치워야 한다고 주장했다. 그러나 이어서 그는 원주민들은 그들의 친구들을 먹어서는 안 된다고 했다. 그리고 나서 자신과 캉디드를 적으로 취급하기 전에 먼저 사실을 확인해야만 한다고 그들을 설득했다. 사실은 확인되었고, 캉디드와 하인은 매우 융숭한 대접을 받았다. 오레용족들은 "그는 예수회 수사가 아니다!"라고 기뻐서 소리치며 두 사람을 국경으로 안내했다. 일단 오레용족이 그가 예수회 수사가 아님을 알고 목숨을 살려주었기 때문에 캉디드는 이 최근의 경험을 생각하면서 순수한 자연 상태는 선한 것이 틀림없다고 굳게 믿었다.

·풀어보기

13장-16장은 볼테르가 나름대로 두 개의 유토피아 국가들을 묘사했기 때문에 특히 흥미롭다. 베스트팔렌 성에서의 생활은 캉디드가 추방당하는 어려움이 있기 전에 그에게는 유토피아였다는 주장이 있었다. 그러나 이 장에서의 유토피아는 그 자체로서 쉽게 확인된다. 첫 번째는 파라과이의 예수회 유토피아다. 여기서 수사들은 신정(神政) 전제정치를 세웠다. 사람에 따라서는 이를 반유토피아라고 부를 수도 있다. 그 나라에서는 오직 예수회 수사여야만 이상적인 국가가 되기 때문이었다. 유토피아를 선명하게 처음 설명한 사람은 빈정댐이 없지 않았지만 카캉보였다. "이 정부는 훌륭해. 신부들은 모든 것을 소유하고 백성들은 아무것도 없지. 이는 이성과 정의의 걸작품이야." 파라과이 예수회 수사들의 호화로운 삶은 초록색과 황금색 대리석 기둥들로 세워진 사령관의 정자를 묘사할 때 잘 나타나 있었다. 그리고 캉디드에게는 금그릇에 담긴 맛있는 아침식사가 제공된 반면, 파라과이 원주민들은 타오르는 햇볕 아래 노천 들판에서 나무 사발에 담긴 옥수수를 먹었던 것이다. 그렇다. 신부들에게는 신정정치가 존재하는 한, 삶은 진정 유토피아였다.

두 번째 유토피아는 오레용족의 그것이다. 그들은 인위적인 서구 문명에 오염되지 않은 순수한 자연 상태에 있었다. 예수회 파라과이는 그들 땅 경계 저 너머에 있었다. 이 모든 것은 '매우 순박한 사람'이라는 개념과 관련이 있는데, 이는 18세기 후반에 점점 인기를 끌었다. 그 핵심은 자연 그 자체는 자애롭고 선하며, 사람을 순수한 자연 상태에서 살게 하면 그 결과 선하게 된다는 것이다. 팡글로스 박사는 이 원시주의 철학을 받아들였다. 오레용이란 단어는 스페인어의 Orejones에서 유래하는데, 이는 '뚫은 귀' 또는 '큰 귀'를 나타낸다. 볼테르는 이들 유토피아를 설명하면서 계속 빈정거렸다. 오레용족들이 그를 삶고 구우려고 한 것으로 보였을 때 캉디드가 '자연'인에 관해 배웠던 모든 것에 의문을 품기 시작한 것은 이해할 수 있는 일이다. 그러나 예수회 수사가 아니어서 목숨을 부지하게 된 그는 더 이상 의문을 품지 않았다. 분명한 결론은 미개인들은 이른바 문명인들보다 더 선하거나 더 악하지 않다는 것이다. 양쪽 모두 잔혹한 행위를 할 수 있다.

확실히 볼테르는 반종교적 풍자의 기회를 놓치지 않았다. 적대적인 성직자들이 특히 표적이 되었다. 사령관이 미사에 참석했다가 서둘러 연병장으로 갔다고 한 것은 좋은 암시였다. 실용주의적이고 영리한 카캉보가 거간꾼, 병사, 종복뿐만 아니라 차례로 소년 성가대원, 성당지기, 그리고 수사였다는 정보는 이러한 풍자를 진전시키는 데 한몫을 한다. 13장에서 독자는 프란치스코 수사가 퀴네공드의 돈과 보석을 훔쳤고, 그 보석들이 또 다른 성직자인 종교재판소 판사의 것임이 확인되자 교수형에 처해졌다는 것을 알고 있다. 이 모두와 관련이 있는 것은 인류의 운명에 끊임없이 관심을 보인다는 자애로운 신의 이론인 신의 섭리론을 볼테르가 배격한다는 점이다. 이는 퀴네공드가 안전할 것이다, 즉 하느님은 여자들을 돌보기 때문에 여자들은 결코 무력하지 않다는 카캉보의 발언에 암시되어 있다. 불가리아인들이 그녀의 아버지 성을 공격한 이래 퀴네공드에게 일어난 일들을 기억해 보라. 마지막으로 카캉보에게 적을 죽이는 것은 자연스럽다고 말하게 함으로써 볼테르는 하고많은 사람들이 신자라고 공언하는 종교에 입발림만 하고 있다는 자기 소신을 강조한 것이다.

볼테르는 다시 한 번 지나친 자부심과 허영심을 재치 있게 풍자하는 기회를 발견했다. 부에노스아이레스 총독의 허세 가득한 긴 이름을 주목하라. 그는 퀴네공드나 다른 여자가 자신의 결혼 제의를 거부하리라고는 꿈에도 생각하지 않았다. 그는 '코를 허공에 쳐들고, 목소리는 몰인정하게 높이면서 가장 고상한 척 거드럭거리며' 아랫사람들에게 말했다. 그밖에 캉디드가 퀴네공드와 결혼하고 싶다고 했을 때 남작이 보인 반응 ― 평민이 감히 귀족 가문의 문장에 72대 손이라는 표시가 있는 남작의 딸에게 청혼하다니! ― 이 있다.

이 장들에는 개인적인 풍자도 있다. 베스트팔렌의 남작이란 인물을 통해 볼테르는 프레데릭 대왕을 조롱하고 있었다는 점을 기억할 것이다. 그리고 지금 우리는 예수회 사령관으로 만난 그의 아들이 아버지와 흡사하게 생겼다는 얘기를 들었다. 그러므로 15장에서의 그 아들에 대한 자세한 묘사에는 프러시아 왕에 대한 풍자가 포함되어 있다.

이는 특히 훈련과 행진 같은 군사적 행동에 대한 집착을 언급할 때뿐만 아니라 프레데릭 대왕의 인격에 대한 언급에서도 드러난다. 예수회 사령관은 자신이 '잘생긴' 젊은이라고 캉디드에게 말했는데, 예수회 수도원장은 그를 매우 매력적으로 생각해서 승진시킨 것이다. 그리고 그가 캉디드의 신원을 알았을 때 했던 언행은 한 남자가 흠모하는 여자에게나 하는 그런 말과 행동이었다. 그는 캉디드를 쉬지 않고 껴안았다.

원숭이와 관련한 일화도 풍자의 영역에 속한다. 볼테르는 인간의 수성(獸性)을 지적했다고 할 수 있다. 카캉보에 따르면 원숭이는 4분의 1이 인간이다. 볼테르는 전통적인 인간관을 염두에 둔 것 같았는데, 그것에 따르면 인간은 계층 단계에서 짐승(이성의 배격을 나타냄)과 천사(순수 이성) 사이에서 등거리의 위치에 있었다. 이것이 사실이라면 젊은 여인들이 원숭이들을 사랑한 것은 인간이 이성을 배격하고 계층 단계에서 밑으로 내려간 것을 의미할 수도 있다.

마지막으로 이 장에서 볼테르는 악은 기본적으로 피할

수 없는 것임을 매우 분명히 하고 있다. 바탕이 착하고 선량한 캉디드는 또다시 성직자를 죽일 수밖에 없는 상황에 처했다. 따라서 그는 세 사람을 죽인 책임이 있다. 순진한 캉디드는 이 세상의 모든 것은 최선으로 이루어져 있다고 믿도록 교육받았던 사람이다.

Chapters 17, 18

 황금 나라에 간 캉디드

오레용국의 국경에서 카캉보는 캉디드에게 이 반구는 다른 반구보다 나을 게 없다면서 유럽으로 돌아가는 게 좋겠다고 말했다. 그가 알고 있던 서유럽 세계에 대해 돌연 깨닫게 된 그는 전부터 신세계가 최선의 세계일 것이라고 확신하고 있었다. 그는 유럽으로 돌아가는 건 불가능할 것이라고 대답했다. 베스트팔렌은 전시 상태였고 포르투갈에 가면 화형을 당할 테니까. 그러나 남미에 남는다면 그들은 꼬치구이 신세가 될 위험이 있었다. 퀴네공드가 살고 있는 이 남미 지역을 떠난다는 것도 그로서는 도저히 상상할 수 없는 일이었다.

카캉보는 카이엔으로 가자고 제안했다. 그곳에 가면 자기들을 돕고 동정해 줄 프랑스인들을 찾게 되리라는 얘기였다. 그들은 힘든 여행을 시작했다. 산을 넘고 강을 건너며 산적들과 야만족들을 만나기도 했다. 말들은 지쳐 죽었고, 한 달 동안 야생 열매를 먹고 살았다. 드디어 그들은 코코넛 나무들이 열을 지어 있는 작은 강에 이르렀다. 코코넛은 그들에게 식량이 되었다. 카캉보는 강변에서 카누를 발견하고, 거기에 코코넛을 채우고 강물을 따라 흘러내려가는 게 어떻겠느냐고 했다. 강은 언제나 사람 사는 곳으로 인도한다고 말했다. 하지만 여행은 위험이 없지 않았고 카누는 암초에 부딪쳐 박살이 났다. 그들은 어렵사리 걸어서 마침내 접근할 수 없는 험준한 산맥으로 둘러싸인 드넓고 탁 트인 나라에 도착했다. 길에는 커다란 붉은 양들이 끄는 멋진 마차들이 달렸고, 그 안에는 빼어나게 매력적인 남녀들이 타고 있었다.

그 광경을 보면서 캉디드는 이 낯선 나라가 베스트팔렌보다 훨씬 낫다고 결론지었다. 황금 문직(紋織) 옷을 입은 아이들이 고리던지기를 하고 있었다. 그 고리들은 무굴 제국의 왕좌를 장식했을 금, 에메랄드, 루비로 만들어져 있었다. 카캉보는 그 아이들이 왕자들이라고 확신했다. 마을 학교장이 아이들을 불렀을 때 캉디드는 그가 왕가의 가정교사라고 곧바로 확신했다. 게임을 하던 아이들은 귀중한 고리들을 마당에 버려둔 채 학교로 갔다. 캉디드는 그것들을 집어 들고 가정교사에게로 달려갔다. 그러나 가정교사는 미소를 지으면서 그것들을 땅바닥에 내던지고 가버렸다. 캉디드와 카캉보는 그것들을 주웠다. 두 사람은 이 '왕의 자녀들'이 금과 보석들을 경멸하도록 교육을 받았다는 데 놀랐다.

이어 그들은 그 마을의 첫 번째 집으로 다가갔는데 문간에는 사람들로 북적였으며, 경쾌한 음악소리가 들렸고, 맛있는 요리 냄새가 났다. 카캉보는 사람들이 자신의 언어인 페루어로 말하는 것을 알았다. 두 사람이 여관으로 여겼던 곳에 들어갔을 때 그가 통역을 했다.

황금 천으로 된 옷을 입고 있는 두 소년과 네 명의 소녀들이 그들을 주인의 식탁에 앉으라고 권했고, 각종 진기한 요리가 차려진 호화스러운 저녁식사를 대접받았다. 손님들 대부분은 상인과 마부들이었다. 모두들 매우 정중했고 재치 있게 많은 질문을 했다. 저녁이 끝나자 카캉보와 캉디드는 음식값을 내야겠다고 생각했다. 그래서 카캉보는 주인의 탁자에 황금 고리들 중 두 개를 던져 놓았는데 이 광경을 본 주인 내외가 박장대소를 했다.

주인은 "정말 당신들이 외국인이라는 걸 알 수 있네요"라고 말하고는 자기들이 웃은 것을 사과했다. 그는 황금 고리들이 '큰길에 있는 조약돌'이고, 이 나라에서는 정부가 모든 여관의 유지비를 대기 때문에 돈을 낼 필요가 없다고 설명했다. 그는 음식이 변변치 못했다고 사과하면서 다른 곳에 가면 더 맛있는 음식을 먹을 수 있을 것이라고 두 사람을 안심시켰다.

캉디드는 놀라워하면서 카캉보의 통역을 들었다. 그들은 드디어 자신들이 정말로 모든 게 최선으로 되어 있는 나라를 찾았다고 확신했다. 캉디드는 이제 팡글로스 박사가 뭐라고 말했던 간에 베스트팔렌의 사정은 정말 너무 나빴다고 인정했다.

친절한 주인은 카캉보가 이 나라에 대한 호기심을 충족시킬 수 있도록 그를 은퇴한 조신(朝臣)에게 데려가 만나게 해주었다. 그는 은제 문 하나, 금제 칸막이벽으로 된 방들, 그리고 그 방들을 루비와 에메랄드만으로 장식해 놓은 수수한 집에 살고 있었다. 그는 벌새 깃털로 채운 소파에서 두 손님을 맞았고, 다이아몬드 병에 든 술을 대접했으며, 이어서 자신과 왕국에 대해 말했다. 그들은 주인이 172세라는 것과 그의 부친이 그에게 그 나라의 역사를 가르쳐주었다는 사실을 알게 되었다. 그 나라는 고대 잉카족들의 왕국이었으며, 무분별하게 세계의 일부를 정복하려고 왕국을 떠났다가 결국은 스페인 사람들에게 궤멸되었다. 하지만 좀더 현명했던 잉카 왕자가 이 나라에 남았고, 국민의 동의로 누구도 왕국을 떠나서는 안 된다고 규정함으로써 그들의 순진함과 행복은 보존되었다. 스페인 사람들은 이 나라에 대해 뭔가를 알고 있었고, 황금의 나라라고 부른다. 그리고 월터 롤리*라는 영국인이 100년 전 이곳에 거의 도달했다가 접근

---

* **월터 롤리**(Walter Raleigh, 1552(?) - 1618): 영국의 군인 · 탐험가 · 시인 · 작가.

할 수 없는 암벽과 벼랑들 덕에 유럽 사람들의 탐욕으로부터 보호되었다.

　캉디드와 카캉보는 통치형태, 여성, 대중적 구경거리, 그리고 예술에 대해 많은 것을 배웠다. 캉디드는 엘도라도인들에게도 종교가 있는지 물었다. 물론, 종교가 있었고 둘이나 셋이 아닌 유일신을 숭배했다. 그들은 신에게 기도를 하지 않았는데, 그럴 필요가 없었기 때문이었다. 그들에겐 없는 게 없었지만 감사의 찬송을 불렀다. 또한 별도의 성직도 없었고 모든 사람이 성직자였다. 그들에게 '가르치고, 논쟁하고, 통치하고, 음모를 꾸미고, 자신들과 의견이 다르다고 사람들을 불태웠던' 수사들이 있었더라면 미쳐버렸을 것이다. 캉디드는 황홀했다. 이런 얘기를 베스트팔렌이나 유럽의 어느 곳에서도 들은 적이 없었기 때문이다. 여행을 통해 정말 배우는 게 많았다.

　그 선한 노인은 네 마리의 양이 끄는 마차를 준비하라고 명하고 여행객들에게 12명의 하인들을 붙여주면서 그들을 환영해 줄 왕을 예방하라고 일러주었다. 불과 4시간 만에 캉디드와 그의 종자들은 상상할 수 있는 가장 멋진 궁전에 도착했다. 20명의 미녀들이 그들을 맞이했고 깍듯이 예우했다. 왕실로 안내되면서 그들은 왕의 면전에서 엎드리거나 다른 방식으로 신분을 떨어뜨리는 행동을 해서는 안 된다는 것을 알았다. 왕을 포옹하고 양쪽 볼에 입을 맞추는 게 관습이었다. 그들은 아주 우아한 영접을 받았고, 저녁식사에 초대되었으며, 귀금속으로 포장된 대 광장들이 있는 시내로 안내되었다. 놀랍게도 캉디드는 이처럼 행복하고 법을 지키는 사람들에게는 법정이나 감옥이 필요하지 않았다는 것을 알았다. 하지만 그에게 깊은 인상을 준 것은 수학과 물리학을 위한 많은 기구들이 소장된 과학 궁전이었다. 하루의 멋진 경험들은 왕실 만찬으로 마무리되었다. 캉디드가 놀랐던 것은 왕의 재치 넘치는 대화였다.

한 달 동안 두 사람은 엘도라도에 머물렀지만 캉디드는 사랑스러운 퀴네공드가 그리웠고 카캉보 역시 유럽에 연인이 있을 것이라고 확신했다. 그는 엘도라도의 '조약돌'을 실은 12마리의 양들을 데리고 갔다 돌아오면 안 되겠느냐고 물었다. 그들은 부자가 될 것이기 때문에 아무도 두렵지 않을 것이며, 퀴네공드도 쉽게 되찾을 수 있을 것이다. 그러나 왕은 그들이 어리석은 일을 하고 있다고 경고했다. 즉 사람은 꽤 잘 나갈 때 냉

정을 잃어서는 안 된다는 것이다. 하지만 왕은 자신이 외국인들을 붙잡아 둘 권리는 없다는 것을 인정했다. 모든 사람은 자유롭고 이러한 행동은 전제적이기 때문이다. 엘도라도를 빠져나가는 그들의 힘든 여정을 돕기 위해 왕은 필요한 물자와 장비를 갖춰주라고 명했다. 그들은 국경까지 호위를 받게 될 것이라고 했다. 카캉보가 식량, 조약돌들, 그리고 이 나라의 진흙 중 일부를 몇 마리의 양에 실어달라고 청하자 왕은 유럽인들이 어째서 그렇게 누런 진흙에 집착하는지 이해할 수 없노라고 하면서도 매우 흐뭇해 하며 이를 윤허했다. 그들은 두 마리의 크고 붉은 양에 타고 요청한 대로 짐을 실은 20마리의 다른 양 떼를 이끌면서 이 전설적인 나라를 떠날 수 있었다. 캉디드는 흡족했다. 이제 그는 퀴네공드의 몸값을 지불할 재력이 충분했다. 우선 그와 카캉보는 카이엔으로 향해서 어떤 왕국을 살 수 있는지 보게 될 것이다.

풀어보기

볼테르는 1595년에 처음 간행된 〈크고 부유하고 아름다운 기아나 제국의 발견 *The Discoveries of the Large and Rich and Beautiful Empire of Guiana*〉에서 밝힌 월터 롤리 경의 이야기를 통해 엘도라도라는 전설의 땅을 알게 되었다. 설사 그가 영어로 된 이야기를 읽지 않았더라도 〈프랑수아 코레알의 서인도제도 여행 제2권 *Voyage de Francois Correal aux Indes Occidentales, Volume II*〉에서 그 나라를 찾을 수 있었을 것이다. 그 전설적인 나라의 이름은 재빨리 부를 획득할 수 있는 곳을 비유적으로 말할 경우에 쓰이게 되었다. 롤리 경의 엘도라도에서 지배 군주들은 웅대한 문명으로 유명하고 한때 강력했던 잉카제국의 후손들로 그려졌다. 다양한 여행서들도 볼테르에게 영향을 주었던 것 같다. 그리고 유토피아에 대해서는 토머스 모어 경에게 진 빚을 피할 수 없을 것이다. 모어의 작품에서 볼테르는 신의 계시 없이 유일신을 인지하고 유일신에게 경배의 찬송을 불렀지만 자신들의 욕구를 충족시키기 위해 필요한 것 이상을 갖고 있었을 때는 감히 청원하지 않는, 황금과 보석조차 장난감 정도로 여겼던 완전히 행복한 민족을 발견할 수 있었을 것이다. 자애로운 철인 통치자 역시 모어의 유토피아에서 활약했다. 여기서는 잘 계획된 도시들, 인상적인 공공건물들과 토목공사들이 계명된 정부임을 입증했다. 그러나 우화의 땅에 대해 모어는 놀라울 정도로 자세하게 길의 폭과 이에 견줄 만한 세부 묘사를 하고 있다. 볼테르가 그린 엘도라도의 풍경도 매우 인상적이지만 대부분의 경우 좀 불명확하다. 세부 사항을 상상력 있게 채우는 것은 독자의 몫이다.

엘도라도는 볼테르의 이상세계다. 그는 그런 세계가 결코 존재하지 않을 것을 알았지만 실제 세계의 중대한 단점들, 즉 실제 세계가 완전에 이르기에는 참으로 미흡하다는 것을 지적할 수 있는 수단이 되었다. 그리고 이것은 그가 철학적 낙관주의 학설을 공격한 또 다른 방식이었다. 볼테르는 캉디드가 다른 곳에서 경험했던 것과 강한 대조를 보이기 위해 자신의 유토피아를 이용했다. 특히 팡글로스 박사의 주장 덕에 한때 캉디드에게 삶이 이상적으로 보였던 베스트팔렌, 전쟁의 공포, 파괴적인 지진, 그리고 포르투갈 종교재판소의 무서운 행위를 경험했던 유럽의 여타 지역, 더 많은 전쟁과 폭정을 목격했던 남아메리카 등등. 요컨대 노파의 이야기를 듣고 알게 된 것은 말할 것도 없고 캉디드는 도처에 만연한 편협, 약탈, 철저한 잔인성을 경험했던 것이다. 엘도라도에서의 경험은 또한 캉디드가 그 나라를 떠난 후 경험하게 될 사건들과 명확한 대조가 되었다. 볼테르가 밝히고 싶었던 가장 의미심장한 요지는 유토피아는 무엇보다도 주민들이 풍요의 땅을 점유하고 있어서가 아니라 개인적이나 공공 활동의 모든 면에서 그들이 올바른 이성에 투철했기 때문에 유지된다는 것이었다.

거의 모든 비평가들이 볼테르가 만들어낸 이상 사회에서 완전한 국가의 모든 장점들인 하나의 신에 대한 믿음, 관용, 지혜, 자유, 행복, 계몽 정부를 발견한다. 윌리엄 F. 보티글리아가 지적한 것처럼 "핵심 특성은 자유의 기초인 관용이 아니고 만장일치로 함양되는 사회적·실용적 도덕의 바탕인 이신론이다. 이는 기타 모든 특성들을 만들어낸다." 볼테르가 볼 때 이신론은 진정한 신앙이었다. 그것은 하느님이 모든 사람들에게 부여한 근본적이고 보편적인 원리들에 기초해 있으며 그 타당성은 영구불변이다. 그 지혜로운 노인으로 하여금 이 믿음을 캉디드와 카캉보에게 설명하게 함으로써 볼테르는 엘도라도 정부에 대한 그의 묘사가 다른 지역의 정부 체계에 대한 비판이었던 것처럼 제도권 종교를 고발하고 있었던 것이다.

주인, 노인, 왕은 각각 똑똑한 순응자, 지적인 지도자 혹은 철인, 정치가를 의미한다. 각자는 진지한 견해를 말하는 볼테르의 목소리를 차례로 나타낸다고 가정할 수 있다.

캉디드와 카캉보가 더 이상 행복해지지 않기로 결심했다는 사실은 매우 뜻밖이다. 그들이 엘도라도를 떠나겠다고 결심한 데에는 5가지 이유가 제기되었다. (1) 엘도라도는 목적도 완성도 제공하지 않았다. (2) 자신의 경험담을 얘기함으로써 다른 사람들을 감동시키려는 욕구에서 발현된 캉디드의 허영심. (3) 캉디드의 조바심, 즉 '자신의 정원을 가꾸는' 데 계속해서 만족하지 못하는 것. (4) 그가 갖고 나갈 부(富)로 사게 될 권력과 우월에 대한 욕구. (5) 퀴네공드에 대한 깊은 사랑. 엄밀히 낭만적인 전통에서 볼 때 마지막이 진정 타당하고 유일한 이유가 된다. 캉디드의 교육이 불완전함은 명백했다. 그는 여전히 매우 미성숙했고 공상적 사회 개혁론자의 지위를 맡을 준비가 되어 있지 않았다.

Chapter 19

 줄거리 수리남에 간 캉디드

이제 캉디드와 카캉보는 부자가 됐다
는 생각에 들떠 여행 첫날이 즐거웠다. 상사
병에 걸린 캉디드는 나무에 퀴네공드의 이름을 적
었다. 그러나 그때 새로운 어려움이 생겼다. 두 번째 날에 보물을 실은 양
두 마리가 수렁에 빠져 죽었고, 다른 두 마리는 며칠 후에 지쳐서 죽었다.
여행이 끝난 후 양은 두 마리만이 남았다. 캉디드는 교훈을 힘주어 말했다.
이 세상의 부는 사라질 수 있다. 오직 선행과 퀴네공드를 다시 보는 즐거
움만이 영속하다. 카캉보는 동의하면서도 아직 양이 두 마리 있고 재물도
많다고 덧붙였다. 그리고 멀리 네덜란드 소유인 수리남 시가 있었다. 분
명 그들의 행복이 막 시작되려고 했다.

그 도시 가까이에서 그들은 누더기를 걸친 흑인이 땅바닥에 누워 있

는 것을 보았다. 그는 왼쪽 다리와 오른손이 없었다. 캉디드가 네덜란드어로 말을 붙이자 그 흑인은 자기 주인인 뮌히르 반데르덴뒤르를 기다리고 있다고 했다. 더욱이 바로 그 주인이 자기의 비위를 거슬리는 모든 하인들이나 노예들에게 그랬던 것처럼 벌로써 자기를 불구로 만들었다고 했다. 그 흑인은 어머니가 자기를 노예로 팔면서 아들이 부모에게 큰돈을 벌게 해준다는 말로 자기를 안심시켰지만 실제적으로는 네덜란드 주인의 재산을 늘려주는 일만을 도왔다고 했다. 개, 원숭이, 앵무새 팔자가 노예들보다 더 나았다. 소위 그 흑인이 네덜란드의 '목사들'이라고 부르는 그들은 그를 기독교로 개종시키면서 일요일마다 흑인과 백인 모두 아담의 자손임을 확신시켰다고 했다. 그러면서 "누구도 같은 조상을 둔 사람들을 이보다 더 끔찍하게 대할 수는 없을 거예요"라며 말을 맺었다.

캉디드는 팡글로스의 이름을 끄집어내 그가 낙관주의를 버려야만 한다고 선언했다. 캉디드는 이제 그의 낙관주의를 '모든 것이 잘못되고 있는데도 모든 것이 옳다고 주장하는 하나의 광신'이라고 보았다. 그는 불구가 된 그 흑인의 모습에 눈물을 흘렸다.

수리남에서 그들은 우선 스페인 선장에게 항구의 배 중에서 부에노스아이레스로 갈 수 있는 배가 없는지 물었다. 선장은 적정 가격에 그들을 운송해 주겠다고 제의했고 여관에서 회의가 이루어졌다. 그 회의에서 자유분방하고 허심탄회한 캉디드는 선장에게 그가 겪었던 모든 일을 얘기했다. 선장은 캉디드가 퀴네공드를 구하고자 한다는 것을 알게 되자 절대 부에노스아이레스에 데려가지 않을 거라고 선언했다. 퀴네공드가 총독의 총애를 받고 있기 때문에 자칫하면 두 사람은 교수형에 처해질 것이기 때문이다. 이러한 결정에 좌절한 캉디드는 카캉보를 불러 금과 보석을 갖고 부에노스아이레스로 가서 어떤 대가를 치르더라도 퀴네공드를 구해

내라고 지시했다. 캉디드 자신은 다른 배를 타고 불가리아인, 아바르인, 유대인, 또는 종교재판소 판사를 두려워하지 않게 될 자유국가 베니스로 갈 것이라고 했다. 카캉보는 주인을 떠나야 하는 것이 슬펐지만 그 계획에 동의했다. "저 카캉보는 참 착한 사람이야"라고 볼테르는 썼다.

캉디드에게 자신을 소개한 큰 배의 주인은 민히르 반데르덴뒤르로 드러났다. 그는 캉디드를 1만 피아스타에 이탈리아로 데려가기로 동의했지만 선뜻 그 돈을 내겠다고 하자 계속해서 가격을 3만 피아스타까지 올렸다. 캉디드의 양들에는 틀림없이 막대한 보물이 실려 있음을 알고 있었기 때문이었다. 캉디드는 운임을 미리 지불했다. 두 마리 양은 배에 올려졌고, 캉디드는 항구에 정박중인 배에 타려고 작은 배로 뒤따랐다. 그러나 비양심적인 선장은 그를 빼놓고 출항했다. "아아! 이게 바로 구세계에 걸맞는 속임수로구나!"하고 캉디드는 외쳤다. 20명의 군주들 재산과 맞먹는 보물을 잃어버린 캉디드는 쓸쓸히 해안으로 돌아왔다.

실의에 빠진 캉디드는 배상을 받으려고 네덜란드인 판사를 찾아갔다. 그는 흥분한 나머지 판사의 집 문을 요란하게 두드리며 소리쳤다. 그의 말을 들은 판사는 선장이 돌아오면 수사하겠다고 약속했지만 우선 그에게 1만 피아스타의 벌금을 물리고 추가경비 1만 피아스타를 더 요구했다. 결국 그는 선장과 판사 모두의 희생자가 되고 말았다. 이제는 인간의 사악함이 확연해졌다. 마침내 그는 보르도 행의 한 프랑스 배에 승선했다. 그리고는 정말로 불행한 사람, 즉 수리남에서 자신의 운명에 아주 신물이 난 사람이 있으면 배삯을 내주고 음식과 돈도 주겠다고 선언했다. 많은 사람들이 지원했지만 캉디드는 20명을 뽑아 여관에 모이게 한 다음 동정을 가장 많이 받는 사람을 택하겠다고 하고는 각자에게 얘기를 하도록 했다. 그는 이야기를 들으면서 노파가 부에노스아이레스로 가는 도중 했던 말을 기억했고, 팡글로스 박사에 대해 많이 생각했다. 캉디드는 이제 박사의 이론 체계를 의심했다. 그는 만약 모든 것이 잘 되어 가는 곳이 있다면 그곳은 엘도라도뿐임을 확신했다.

캉디드는 불쌍하고 오랫동안 고통을 겪은 나이 지긋한 학자를 뽑았다. 그가 박해를 받은 이유는 수리남의 목사들이 그를 소치니 학설의 신봉자로 믿었기 때문이었다. 이 소치니 학설은 몇몇 정통 교의, 특히 예수의 신성, 삼위일체, 그리고 원죄를 배척했기 때문에 1559년 종교재판소에 의해 유죄 판결을 받았다.

풀어보기

이 장에서 볼테르는 철학적 낙관주의에 대해 맹렬한 풍자적 공격을 계속하면서 공공의 재앙과 개인의 고난이란 결국 선이 나타나는 우주 질서의 일부에 불과하다는 점을 부인했다. 캉디드는 팡글로스 박사가 가르쳐준 믿음에 투철하려고 필사적으로 노력했지만 그 노력이 점점 더 어려워짐을 깨닫게 되었다. 어쨌든 그는 무뢰한 같은 선장에게 털리고, 그 다음에는 나라의 법과 질서를 대변했던 판사에게 희생되지 않았던가. 그러나 캉디드가 법적 배상을 얻으려고 한 사실은 볼테르가 세상의 악들을 용서하려고 하지 않았고 인간은 악을 막기 위해 싸워야 한다고 믿었다는 결론을 증명했다.

흑인의 곤경은 또 한 번 개인적 수준에서의 잔인성을

강조한다. 그리고 그 노예가 주인의 신앙인 기독교로 개종되었다는 사실은 볼테르적인 빈정거림의 또 다른 예다. 기독교는 이웃을 사랑하라고 가르치고 우리 모두는 하느님의 자녀라는 사상을 강조하는 종교가 아니던가. 마침내 매우 흥미로운 인물이 되는, 오랜 고난을 겪은 학자의 등장과 더불어 볼테르는 다시금 편협함을 공격했고, 이 험한 세상에서 자유로운 사상이 설 자리는 아직 없다는 것을 암시했다.

Chapters 20-23

:줄거리 캉디드와 마르탱의 모험

　　캉디드와 자신을 마르탱이라 밝힌 그 노인은 보르도를 향해 출항했다. 항해중에는 도덕적 · 물리적 악에 관한 화제가 두 사람의 주요 얘깃거리였다. 왜냐하면 이들은 숱한 고통을 겪었기 때문이었다. 하지만 캉디드를 지탱시켜준 것은 퀴네공드를 다시 보게 되리라는 희망과 아직도 엘도라도의 황금과 다이아몬드를 얼마만큼 갖고 있다는 것이었다. 특히 식사가 끝날 무렵에 그는 팡글로스의 철학 쪽으로 다시 한 번 기울어졌다.

　　토의를 하면서 마르탱은 캉디드에게 자기는 소치니파가 아니고 마니교도라고 했다. 마니교도는 고대 페르시아 체제에 따르면 빛의 왕국에서 나온 인간의 정신은 암흑의 왕국인 신체에서 탈출을 꾀한다고 믿는 사람을 뜻한다. 그의 경험에 비춰보면 신은 엘도라도를 제외하고 세계를 악의에 찬 존재에게 버렸다고 했다. 이어서 마르탱은 세상의 불행을 이렇게 요약했다. 개인적 불의와 잔인한 행위, 나라와 나라가 전쟁을 치름에 따라 유럽을 휩쓸고 다니는 조직화된 수많은 암살자들, 교양이 있다는 도시들에서조차 만연한 질투, 근심, 걱정, 그리고 불안. 캉디드는 세상에는 선도 있다고 주장했지만 비관적인 마르탱은 그러한 선을 본 일이 없다고만 대답했다.

　　토의가 한창일 때 그들은 총소리를 들었고, 배에 탄 다른 사람들과 함께 배 두 척이—한 척은 프랑스 배—3마일 정도 떨어진 곳에서 교전

중인 광경을 보았다. 배 한 척이 침몰했다. 그리고 캉디드와 마르탱은 백 명은 족히 되는 사람들이 하늘에 도움을 간구하고서 죽음을 맞이하는 것을 보았다. 마르탱은 이 사건이 사람들이 서로를 어떻게 취급하는지 설명한다는 점을 지적했고, 캉디드는 그 광경에는 사악한 부분이 있음을 인정했다. 그가 말을 하고 있을 때 붉은 물체 하나가 그들의 배로 다가오는 것이 보였다. 그것은 그가 잃어버렸던 큰 양들 중 한 마리였다. 캉디드는 아주 기뻤다. 침몰한 배는 그 네덜란드 선장의 배였음이 밝혀졌다. 선장이 훔친 막대한 부는 바다 밑으로 가라앉았다. 캉디드는 이 모든 것이 범죄는 때때로 처벌받는다는 것을 증명한다고 확신했다. 그러나 마르탱은 어째서 하고많은 죄 없는 피조물들이 죽어야만 한단 말인가, 라고 물었다. 그는 하느님은 그 죄지은 선장을 벌했지만 악마는 다른 사람들을 빠져죽게 만들었다고 결론지었다.

두 사람은 토의를 계속했다. 마르탱의 비관론에도 불구하고 캉디드는 희망을 잃지 않았다. 그는 자기 양 중 한 마리를 찾았다. 이제 그는 퀴네공드와의 재결합을 확신했다.

그들이 프랑스를 보았을 때 캉디드는 마르탱에게 프랑스에 가본 적이 있는지 물었다. 마르탱은 그렇다고 대답하고 나서 프랑스와 특히 파리 시민들을 있는 그대로 묘사했다. 그는 프랑스 일부 지역에서는 사람들 절반이 미쳤다고 말했다. 어떤 지역 사람들은 너무 교활했고, 또 어떤 지역 사람들은 꽤 유순하고 어리석었다. 그리고 모든 지방에서 주된 소일거리는 성애 행위, 악의에 찬 험담, 그리고 허튼 소리였다. 파리에는 지방에서 발견되는 모든 게 뒤섞여 있었다. 마르탱은 파리 시민들은 매우 세련된 사람들이라고 들었지만 아직 확신하지 못한다고 했다.

캉디드는 처음에 프랑스에 체류할 생각은 없었고, 베니스로 가는 지름길을 택하고 싶었다. 마르탱은 동행하자는 캉디드의 권유를 받아들였다. 마르탱의 논리는 완벽했다. 캉디드는 돈이 있었고 자기는 한 푼도 없었다. 게다가 그는 베니스는 부자들을 환영한다고 들었다. 이어서 그들의 철학 토의가 계속되었다. 그 늙은 학자는 캉디드의 경험에 놀라지 않았다. 그는 너무 오래 살았고 너무 많은 것을 보았던 것이다. 그는 인간은 늘 피에 굶주리고, 탐욕스럽고, 음란하고, 위선적이며, 어리석었다고 믿었다. 인간은 포식 조류처럼 자신의 기질을 바꾸지 못한다고 주장했다. 캉디드는 자유의지라는 주제를 거론하면서 이의를 제기했다. 배가 보르도에 도착했을 때도 토의는 여전히 계속되었다.

보르도에서 캉디드는 결국 엘도라도의 조약돌을 몇 개 팔고 멋진 2인승 마차를 한 대 구입할 정도의 기간을 체류했다. 그 이유는 마르탱 없이는 지낼 수가 없었기 때문이었다. 그는 양을 데리고 갈 수 없었기 때문에 유감스럽지만 과학 아카데미에 기증했다. 과학 아카데미는 붉은 양모를 지닌 양에 특히 관심을 보였다. 그는 가능한 한 빨리 프랑스를 떠날 작정이었지만 길에서 만났던 모든 여행객들이 파리에 간다고 해서 덩달아 그 유명한 도시를 방문하기로 결정했다. 캉디드는 여관에 묵자마자 피로 때문에 병이 났다. 의사 둘, 많은 '친한 친구들', 그리고 경건하고 자애로운 숙녀 두 명이 그에게 눈독을 들였다. 그의 커다란 다이아몬드 반지와 귀중품 상자를 봤기 때문이었다. 마르탱은 한때 파리에서 병이 났지만 돌봐줄 사람이 하나도 없었다고 말했다. 약과 사혈(瀉血)로 인해 캉디드의 건강은 더 나빠졌다. 정기적으로 찾아오는 한 성직자가 그에게 '내세에서 소지자에게 지불해야 하는 지폐' 즉, 비얀센파 신부가 서명한, 자신은 얀센주의자가 아님을 증명하는 문서를 요구했다. (얼마 동안 파리에서는 이같은 문서가 없는 사람에게는 누구든 종부성사가 제공되지 않았다.) 캉디드는 몹시 화가 났고 두 사람은 다투기 시작했다. 마르탱은 그 성직자의 어깨를 붙잡아 방 밖으로 떠밀었다. 경찰은 이 소란을 입건했다.

다행히 캉디드는 건강을 회복했다. 많은 귀빈들이 그가 요양하는 중에 저녁식사를 하러 와서 큰 판돈을 놓고 그와 놀음을 했다. 젊은 친구 캉디드가 으뜸패를 쥔 적이 없다는 사실은 마르탱에게는 놀랄 일이 아니었다. 캉디드에게 파리를 안내해 준 사람들 사이에는 신부가 하나 있었다. 그는 낯선 사람들을 찾아가 추문을 들려주고 무슨 수를 써서라도 즐겁게 해주는 교활하고 알랑거리는 그런 사람이었다. 먼저 그는 캉디드를 데리고 비극을 관람하러 가서 몇몇 재사들 가까이에 앉았다. 이들 잔소리꾼들 중 한 사람이 캉디드에게 연극이 형편없다고 해서 울 것까지야 없었다고 하면서 내일 자기가 그 극작가를 혹평하는 비평 소책자 20부를 갖다주겠다고 말했다. 캉디드는 그 신부에게서 프랑스에는 희곡이 5, 6천 편 있지만 좋은 작품은 불과 15, 16편 정도라는 말을 들었다. "그건 많은 거죠"라고 마르탱이 말했다.

엘리자베스 여왕 역의 여배우를 보고 퀴네공드가 생각난 캉디드는 그녀에게 마음이 끌렸다. 신부는 그를 그녀의 저택으로 데려가겠다고 제의했다. 캉디드가 영국 여왕들이 프랑스에서는 어떤 대우를 받느냐고 질문하자 신부는 아름다울 때는 존경을 받았지만 죽으면 쓰레기더미로 내던져진다고 말했다. 캉디드는 특히 마르탱이 그 신부가 한 말을 확인해 주었을 때 충격을 받았다. 신부는 파리와 파리 시민들에게 특유의 적의를 품고 비판적 묘사를 계속했다.

신부는 자신의 미천한 신분으로 인해 그 여배우의 집에서는 환영받지 못하리라는 것을 알고는 캉디드에게 변명을 늘어놓으며 함께 품위 있는 귀부인 댁을 방문하는 게 좋겠다고 말했다. 그곳에 가면 파리에 대해 많이 배우게 될 것이라고 했다. 신부는 캉디드와 마르탱을 그 부인의 집으로 안내했다. 거기서는 페로 게임(트럼프 놀이의 일종)이 벌어지고 있었다. 볼테르는 참가자들의 긴장, 성격, 속이려는 시도 등등, 그 놀이를 매우 자세히 설명했다. 그들은 놀이에 너무 빠진 나머지 캉디드 일행을 반기는 사람은 아무도 없었다. 한편, 신부는 자칭 파롤리냑 후작부인의 관심을 끌어냈다. 그녀는 캉디드에게 미소 짓고 마르탱에게는 목례를 한 다음 젊은이에게 도박판의 자리를 권했다. 그는 패를 불과 두 번 뽑았을 뿐인데 5만 프랑을 잃었다. 하지만 아주 태연한 것처럼 보여 하인들은 그를 영국 신사로 여겼다. 흔히 잘 알아들을 수 없는 지껄임, 재담, 근거 없는 소문, 고약한 추론, 약간의 정치, 판치는 비방, 그리고 '엄청나게 많은 혐오스러운 책들'에 대한 언급과 함께 대부분이 악평인 문학 강론까지 등장하는 저녁식사가 이어졌다. 특히 인상적이고 박식해 보이는 학자가 좋은 비극 작품을 만드는 요소는 무엇인가에 대해 꽤 긴 강연을 했다. 캉디드는 그가 또 한 사람의 팡글로스 박사가 틀림없을 것이라고 생각했고, 그에게 낙관 철학을 신봉하느냐고 물었다. 그 학자는 신봉하지 않았다. 아니 정반대였다. 왜냐하면 이 나라에서는 매사가 잘못되어 가고 있었기 때문이었다. 그는 지위와 책임에 대한 몰이해, 그리고 무의미한 논쟁들, 즉 만연한 끝없는 싸움에 대해 언급했다. "얀센파(네덜란드 신학자 얀센의 학설을 지지하는 교파) 대 몰리나파(스페인 신학자 몰리나의 학설을 지지하는 교파), 의회 대 교회, 문인 대 문인, 고관 대 고관, 은행가 대 소시민, 아내 대 남편, 친족 대 친족 간의 싸움 등." 순진한 캉디드는 다시금 팡글로스 박사의 이름을 끄집어내 모든 것이 최선의 상태에 있다는 박사의 확신을 말하고, 눈에 보이는 악은 아름다운 그림 속의 그림자에 불과하다고 주장했다. 마르탱은 참지 못하고 일갈했다. "교수형당한 당신의 철학자는 오만한 어릿광대요."

  저녁식사 후 후작부인은 캉디드를 내실로 불렀고, 대화가 진행되는 동안 그는 예의를 갖췄지만 어려움이 있었다. 부인은 캉디드가 자기를 만난 이상 이제 퀴네공드를 사랑해서는 안 된다고 했다. (캉디드는 그녀에게 퀴네공드에 대한 얘기를 모두 했다.) "퀴네공드에 대한 열정은 그녀의 손수건을 집어주면서 시작됐죠. 이젠 내 양말대님을 집어주세요." 캉디드는 이에 응했고 그녀의 요청대로 대님까지 매어주었다. 후작부인은 캉디드에게 보기 드문 특권을 주는 것이라고 말했다. 대개의 경우에는 연인들을 2주씩이나 애태우며 기다리게 했기 때문이다. 그녀가 그의 손가락에 낀 다이아몬드들을 칭찬하자 캉디드는 그것들을 그녀에게 주었다. 그는 그 집을 떠나면서 퀴네공드를 배신했다는 마음에 꺼림칙했으나 신부가 위로했다. 신부의 수입은 캉디드가 카드놀이에서 잃은 5만 프랑과 후작부인에게 준 다이아몬드의 극히 일부만을 받았기 때문에 크게 수지맞은 장사는 아니었다. 하지만 캉디드를 제물로 더 많은 것을 챙기려고 결심한 신부는 곱절이나 더 예의바르고 친절하게 굴었다. 특히 퀴네공드에 대해 알고 싶은 척하며 관심을 보였다. 캉디드가 그녀 편지도 받아본 적이 없다며 탄식하자 경청하던 신부는 그 자리를 떴다. 놀랍게도 다음날 아침 캉디드는 연인에게서 편지를 받았다. 그녀가 파리에 있었던 것이다! 부에노스아이레스 총독이 모든 걸 가져갔지만 아직도 그의 마음속에는 그녀가 있었다. 캉디드는 그녀가 아팠다는 내용의 편지를 읽고 그녀 소식에 이루 말할 수 없는 기쁨을 느끼면서도 몹시 마음이 아팠다.

  캉디드와 마르탱은 퀴네공드가 묵고 있다는 호텔로 갔다. 그가 침대 커튼을 제치고 등불을 가져오라고 하자 하녀가 제지했다. 그는 (가짜) 퀴네공드에게 말을 걸었지만 말을 하지 못한다는 얘기를 들었다. 커튼 뒤

의 여자는 손을 내밀었고 캉디드는 그녀의 손등이 흠뻑 젖도록 울면서 다이아몬드를 그녀 손에 가득 쥐어주었다. 게다가 황금이 가득 담긴 가방도 안락의자에 내려놓았다. 이 애틋한 순간에 두 명의 헌병이 나타나 캉디드와 마르탱에게 혐의를 씌워 그들을 체포했다.

"엘도라도에서는 여행객을 이런 식으로 취급하지 않는데"라고 캉디드가 말했다. 그리고 마르탱은 그 어느 때보다 더 마니교를 신봉하게 되었다고 했다. 두 사람은 지하 감옥으로 이송되었다. 캉디드는 상당한 액수의 뇌물을 주어 석방을 노렸다. "오, 선생! 당신이 상상 가능한 죄를 모두 범했다고 하더라도 당신은 이 세상에서 가장 정직한 분이시오!"라고 한 헌병이 말했다. 캉디드가 외국인들을 모두 체포한 이유를 묻자 신부가 대답했다. 그건 아트와 지방의 어떤 부랑자가 사람들이 허튼말 하는 것을 들었기 때문이고, 이는 그로 하여금 대역죄를 범하도록 하기에 충분했다는 것이다. 캉디드는 사람들의 극악무도함에 충격을 받고, 원숭이들이 호랑이들을 괴롭히는 나라에서 하루 빨리 벗어나고 싶었다. 그는 베니스로 데려가 달라고 간청했지만 그 헌병의 동생은 다이아몬드 세 개를 받고 나

서 그들을 영국의 포츠머스로 데려다주었다. 분명 캉디드는 베니스에 있지는 않았지만 지옥에서 구조됐다는 생각을 했다.

캉디드는 팡글로스 박사, 마르탱 그리고 사랑하는 퀴네공드의 이름을 부르면서 세상에 도대체 이런 데가 어디 있느냐고 격하게 물었다. 마르탱은 이 세상이 미치고 혐오스러운 곳이라고 대답했다. 이어서 그는 영국 사람들은 특유의 광기를 보인다고 하고, 미국에서의 영불전쟁을 언급했다. 그는 영국인들이 매우 변덕스럽고 침울하다고 했다.

그들은 포츠머스에 도착해서 다소 뚱뚱한 남자의 처형을 목격했다. 그 남자는 눈이 가려진 채 갑판에 무릎을 꿇고 있었다. 네 명의 병사들이 각각 그의 머리에 총을 세 발씩 쏘았고, 많은 구경꾼들이 아주 만족스러워했다. 그 남자는 제독으로서 죄명은 적을 많이 죽이지 않은 것과 적인 프랑스 군대와 교전하지 않았다는 것이었다. "그렇다면 왜 프랑스 제독은 죽이지 않았나요?"라고 캉디드는 물었다. 그러자 영국에서는 '다른 사람들을 독려하기 위해' 이따금 제독을 죽이는 게 효과적인 것으로 간주된다는 얘기를 들었다. 캉디드는 너무나 충격을 받아 즉각 베니스로 갈 채비를 했다. 그들이 베니스에 도착하자 그는 '정말 다행'이라고 외쳤다. 진정 카캉보를 믿었기에 그는 퀴네공드를 다시 만날 것이고, 모든 게 다 잘 풀릴 거라고 확신했다.

이 장들에서는 늙은 철학자 마르탱이 가장 흥미롭다. 팡글로스가 라이프니츠를 지지한 것처럼 그가 피에르 베일을 지지했다는 것은 의미심장하다. 볼테르는 베일을 일찌감치 발견했고, 특히 리스본 지진 사태 이후 볼테르의 편지들에는 낙관 철학에 대한 반대를 선도하는 그에 대한 칭송으로 가득 차 있었다. 사전 편찬자, 철학자, 비평가였던 베일(1647-1706)은 가톨릭교도가 되었다가 다시 신교로 되돌아간 신교도였다. 한마디로 말해 그는 철저한 회의론자였다. (회의론자는 영적 인식체계의 신봉자를 말한다. 이 체계는 지식의 원천, 한계, 그리고 타당성을 다루며 회의주의를 주입한다.) 볼테르가 특히 끌렸던 것은 그가 포용력 있는 견해를 옹호했기 때문이었다. 미신에 대한 공격, 도덕은 종교와 별개라는 견해는 그의 저서 〈혜성에 관한 명상〉(1682)과 〈역사 비평사전〉(1697)에 상세히 설명되어 있다. 이 저서들은 이성의 우월성을 옹호하고 그 우월성 앞에 놓인 모든 장애물을 제거하려는 저자의 노력이 있다는 점에서 철학자들의 마음을 끌었으며, 볼테르도 그 중 한 사람이었다. 볼테르는 마르탱을 선과 악이라는 거의 동등한 두 개의 세력을 믿는 마니교도로 만들었다. 즉, 하느님은 그 사악한 네덜란드 선장을 처벌했지만 악마는 수많은 무고한 사람들을 죽였던 것이다. 따라서 볼테르는 악이 도처에서 승리한다고 주장하지 않았다. 어쨌든 젊은 캉디드 같은 선의의 사람들도 있고, 재침례교도, 노파, 성실한 카캉보 같은 사람들도 있으니까. 이들은 인도적인 사람들이었다. 그러나 개인적이고 공적인 수준에서 나타나는 악의 정도를 경시하거나 궁극적으로 악에서 선이 나온다고 말하는 것은 현실에 대해 판단력을 잃게 하는 것이었다.

알렉산더 포프가 〈인간론〉을 쓰기 수년 전, "존재하는 것은 모두 옳다"라고 한 언명은 윌리엄 킹 대주교가 저서 〈악의 기원〉(1702)에서 옹호했다. 베일은 이에 대해 가장 웅변적이고 효과적인 반박을 했다. 그는 이렇게 물었다. 만약 창조주가 무한히 선하고, 지혜롭고, 강력하다면 어떻게 악이 발호할 수 있을까? 베일은 마르탱이 이 장에서 그런 것처럼 신의 섭리론을 강하게 배격했다. 마르탱은 긴 세월의 경험을 요약하면서 대부분의 사람들은 포식동물이며 잔인하고 비양심적이라고 말한다. 그리고 죄인들은 이따금 처벌받지만 많은 무고한 사람들은 고통을 겪는다.

볼테르가 선뜻 낙관 철학을 배격하지 않았다는 것을 알게 되면 흥미롭다. 그의 첫 철학 이야기인 〈자디그〉에서 낙관론을 펴지 않은 것은 아니었다. 캉디드처럼 그 주인공은 여행을 하면서 큰 어려움을 경험한다. 바빌론에서 교살당할 뻔 했고, 바라에서는 화형을 간신히 모면했으며, 세렌디프에서는 승려들에게 말뚝에 꿰지르는 형에 처해졌고, 이집트에서는 노예가 되었다. 하지만 그는 마침내 선이 발생하지 않는 악은 이 세상에 없다는 천사의 말을 들었다. 12년 후에 발간된 〈캉디드〉의 볼테르는 더 이상 이런 견해를 받아들일 수 없었다. 이 세상에서 모든 것이 최선의 상태로 이루어져 있지 않다는 증거가 압도적으로 많기 때문이다.

캉디드와 마르탱이 베니스로 가서 퀴네공드와 있을지도 모를 재회를 하기 전에 파리를 방문하는 것은 필연적이었다. 이를 통해 볼테르는 도시의 결점과 악을 풍자할 기회를 가졌다. 첫 번째는 성직자를 포함해 비열한 집단의 탈을 쓴, 비양심적이고 기생적이고 재산을 노리는 구혼자들이었다. 이들은 캉디드의 병과 요양기간을 이용하고자 했다. 젊고 경험이 없는 캉디드는 그를 제물로 삼으려 했던 집단에 대항해 자신을 방어할 수 없었다.

볼테르가 묘사한 도시 세계는 사기꾼들, 모략꾼들, 가짜 귀족들, 뇌물을 밝히는 헌병들, 정부들 때문에 악이 횡행했다.

종교와 성직자들에 대한 풍자는 계속되었다. 캉디드가 병으로 누워 있을 때 그를 괴롭힌 자들 중에 눈에 띈 사람은 성직자였다. 그리고 말할 것도 없이 캉디드와 마르탱을 극장과 후작부인의 저택으로 데려간 사람도 또 다른 성직자였다. 마르탱을 통해 '소란스러운 논객들'뿐만 아니라 '경련을 일으키는 무리들'에 대해서도 말했는데, 이는 악의적인 비평가와 오늘날의 광신도들처럼 종교적 희열이나 열광의 표현에 탐닉

하는 얀센파들에 대한 공격이었다. 또한 주목해야 할 것은 파롤리냑 후작부인이란 이름이다. 접미어인 -gnac는 남서부 프랑스에서는 흔했는데, 이 지역 출신에는 몰락한 겉치레 귀족들이 많았다. 끝으로 법관들 사이의 뇌물 수수행위는 캉디드가 돈을 주고 석방된 사례에서 설명되었다. 분명 볼테르가 묘사한 파리는 사실상 사회 구석구석이 부패했다.

캉디드와 마르탱이 영국에서 얻은 의미 있는 경험은 영국 해군제독의 처형을 목격한 것이었다. 처형은 실제로 1747년 3월 14일에 있었다. 그 불행한 사나이는 조지 빙 제독이었고, 군법회의에 회부되어 전년도 프랑스군과의 해전에서 패했다는 유죄판결을 받았다. 볼테르는 그의 생명을 구하기 위해 개입을 시도했었다. 그래서 이 사건에 대한 묘사는 주제 일탈이 아니라 주요 주제 전개에서 한몫을 했다.

Chapters 24-26

베니스에 간 캉디드

캉디드는 베니스에 도착하자마자 카캉보를 찾기 시작했다. 매일 그는 대형 선박들과 작은 배들을 샅샅이 뒤졌지만 하인의 소식을 듣지 못했다. 그가 마르탱에게 설명한 대로 남아메리카에서부터 장시간 여행 끝에 단지 교활한 페리고르 신부만 만났던 것이다. 그는 퀴네공드가 죽었다고 확신했고, 모든 게 허깨비요 불행뿐인 이 '저주받은 유럽'에 돌아오느니 차라리 엘도라도에 남을 걸, 하고 후회했다. 늘 솔직한 마르탱은 그렇게 많은 재산을 갖고 간 혼혈 하인이 임무를 수행하리라고 믿은 자신의 동반자를 숙맥이라고 불렀다. 마르탱은 캉디드에게 카캉보와 퀴네공드를 모두 잊으라고 충고했다. 늙은 학자가 이런 말을 계속하자 캉디드의 우울증은 깊어만 갔다.

캉디드는 테아토 수도회의 젊은 수사가 산마르코 광장에서 젊은 여자와 팔짱을 끼고 있는 것을 보았다. 그들은 매력적이고 매우 행복해 보였다. 캉디드는 마르탱에게 얼굴을 돌리고는 적어도 행복한 사람이 둘은 있다고 힘주어 말했다. 하지만 마르탱은 그들이 이 세상의 불행한 사람들 축에 끼어 있다고 확신했다. 캉디드는 그 의문을 해결하려고 그들에게 함께 식사를 하자고 청하자 그들은 즉시 수락했다. 그들은 캉디드의 여관방으로 왔고, 여자는 곧바로 그의 얼굴을 알아보고 자기가 파케트라고 밝혔다. 파케트는 팡글로스와 정사를 가졌던 남작부인의 하녀였다. 그녀는 베스트팔렌의 남작 성에서 모두에게 일어났던 무서운 불행에 대해서 들었노라고 했다. 그녀의 인생 역정도 매우 기구했다. 그녀는 자기가 지내온 얘기를 했다.

　파케트는 남작부인의 하녀일을 그만두게 된 후, 질투심 많은 아내를 죽인 의사의 정부가 되었고, 그 다음에는 살인사건의 공범 용의자로 감옥에 갇힌 그녀를 석방시켜준 판사의 정부가 되었다. 곧이어 경쟁자가 나타나 그녀의 자리를 차지했고, 그녀는 베니스에서 흔한 창녀의 길을 걷게 되었다. 그녀는 끔찍한 노후를 앞두고 견뎌야 했던 타락에 대해 꽤 길게 얘기했다. 마르탱은 자기가 내기에서 절반은 이긴 게 확실하다고 말했다. 캉디드는 파케트에게 운명이 그렇게 슬픈데도 도대체 어째서 그렇게 쾌활하고 행복해 보이느냐고 물었다. '그건 여전히 이 직업이 갖는 불행의 또 다른 단면'이라고 그녀는 대답했다. "어제는 한 장교에게 돈을 빼앗기고 얻어맞았는데, 오늘은 한 수사에게 잘 보이려고 기분이 좋은 척 해야 하니까요." 그때 캉디드는 마르탱의 말이 옳았음을 인정했다. 그는 수사에게로 얼굴을 돌려 당신은 모든 사람이 반드시 부러워할 운명을 향유하는 것 같고 테아토 수도회 수사로서의 지위에 만족하는 것 같다고 말했다. 그러자 지로플레 수사(왜냐하면 그게 그의 이름이었으니까)는 모든 테아토회 수사들이 바다에 빠져버렸으면 좋겠다고 항변했다. 수도원을 불태우고 터키로 귀화하고 싶었다고도 했다. 부모들이 그가 혐오한 형에게 더 많은 재산을 물려주려고 강압적으로 자기를 수사가 되게 했다는 것이다. 수도원 생활의 특징은 시기심, 불화, 광기였다. 그가 몇 차례 엉터리 설교를 하고 돈을 받은 것은 분명하지만 절반은 수도원장에게 털리고, 나머지는 여자를 사는 비용으로 나갔다.

　이제 캉디드는 마르탱이 내기 모두에서 이겼다는 것을 인정해야만

했다. 그는 돈이 두 사람을 기쁘게 해주리라 확신하고 파케트에게 2천 피아스타를, 지로플레에게는 천 피아스타를 주었다. 그 돈이 그들에게 더 큰 행복을 가져다줄지는 모르지만 마르탱은 별로 확신이 들지 않았다. 영원히 사라졌다고 믿었던 사람들을 종종 다시 찾았다는 사실을 지적하면서 캉디드는 이제 퀴네공드를 찾을 호기가 왔다고 확신했다. 마르탱은 여전히 비관적이었다. 그에게 이 세상의 행복은 희귀재였다. 캉디드는 노래하는 곤돌라 사공들에게로 마르탱의 주의를 돌렸다. 그들은 분명 행복하지 않은가. 마르탱은 캉디드에게 아내와 개구쟁이 자식들이 있는 사공들의 집에 찾아가 보면 생각이 달라질 것이라고 말했다. 그는 곤돌라 사공의 팔자가 베니스 총독의 팔자보다는 나을지도 모른다는 점은 시인했다. 그러자 캉디드는 베니스 사람들이 브렌타 강가의 궁전에 살면서 외국인 손님들을 우아하게 접대하는 포코퀴란테 의원은 삶의 비애를 느껴본 적이 없는 사람이라고 하더란 말을 했다. 그러자 마르탱은 그런 보기 드문 사람을 만나고 싶다고 했고, 캉디드는 즉시 다음날 그들이 그 의원을 방문할 수 있도록 주선했다.

캉디드와 마르탱은 모두 대저택과 주위의 정원과 조상(彫像)들에 깊은 인상을 받았다. 60세 가량의 귀족 포코퀴란테는 성의는 거의 없었지만 깍듯이 그들을 맞았다. 캉디드는 다과를 가져온 예쁜 두 여자의 아름다움, 우아함, 능숙함을 칭찬했다. 의원은 때때로 이들과 잠자리를 한다고 했다. 그건 '도시 여자들, 그들의 교태, 그들의 우둔함에 싫증이 났기 때문'이라고 했다. 캉디드가 라파엘의 원작들과 그 밖의 그림들에 감탄하자 포코퀴란테는 그것들의 가치를 폄하했다. 그림들이 자연을 그대로 묘사하지 못했다는 것이었다. 그리고 캉디드가 자기에게 제공된 음악을 높이 평가하자 그는 특히 오페라 비극 등, 당대 음악의 한계들에 대해 의견을 늘어놓았다. 마르탱은 전적으로 동의했다. 그들이 훌륭한 서재를 둘러볼 때 포코퀴란테는 호머와 밀턴 같은 대가들의 한계점에 대해 확고한 의견을 보이면서 버질, 타소, 그리고 아리오스토를 좋아한다고 했다. 호라티우스에 관해서는 이 로마 작가가 장점이 있지만 또한 중대한 한계가 있다고도 했다. 스스로 뭔가를 판단할 정도의 교육을 받지 못했던 캉디드는 의원의 말을 듣고 놀랐지만 마르탱은 다시 한 번 그의 의견에 공감했다. 키케로, 80권의 학술원 총서, 그리고 이탈리아, 스페인, 프랑스 드라마에 대해 언급하면서 대화의 요지는 한결같았다.

특히 흥미로웠던 것은 영국 문학에 대한 토의였다. 포코퀴란테는 영국인들은 그들의 생각을 글로 쓰는 특권을 가진 반면에 '우리 이탈리아'에서는 사람들이 자신들의 생각이 아닌 것만을 쓴다고 하면서 마르탱과 의견을 같이 했다. 그는 영국인 천재들의 자유는 기뻐할 일이지만 격정과 파벌주의가 그 소중한 자유 안에 있는 존경할 만한 모든 것을 타락시켰다고 덧붙였다. 그는 밀턴을 가리켜 '거친 시구로 된 10권의 책에서 창세기 첫 장에다 긴 해설을 붙인 미개인', '그리스 시인들의 유치한 모방자'라고 하면서 일고의 가치조차 없다고 했다.

캉디드는 문학의 대가들에 대한 이러한 솔직하고 독창적인 평가가 좀 혼란스러웠지만 '이 세상 그 무엇도 그를 만족시킬 수 없을 것'이라고 하면서 그 의원이 대단한 천재라고 확신했다. 캉디드는 마르탱과 함께 자리를 뜨며, 이 세상에서 가장 행복한 사람, 자신이 소유한 모든 것을 초월한 사람을 만났다고 말했다. 하지만 마르탱은 포코퀴란테가 그런 부류의 인물이 아니라고 하면서 자기가 소유한 모든 것에 싫증이 났다고 주장했다. 그래서 캉디드는 오직 자신만이 행복한 사람이든가 아니면 퀴네공드를 다시 만나면 행복한 사람이 될 것이라고 결론지었다. 하지만 카캉보가 나타날 기미는 보이지 않은 채 몇 주가 지나갔다. 의기소침해진 캉디드는 파케트와 수사가 고맙다는 말 한 마디 하러 오지 않았다는 사실조차 깨닫지 못했다.

어느 날 저녁 캉디드는 마르탱과 호텔로 식사를 하러 갔다. 그런데 그들이 자리에 앉기도 전에 새까만 얼굴의 사내가 다가와서 떠날 준비를 하라고 말했다. 카캉보였다. 캉디드는 자기 시종이 이제 다른 사내의 노비가 되었고, 퀴네공드가 콘스탄티노플에 있다는 것을 알았다. 카캉보는 캉디드에게 저녁식사를 한 후 출발 준비를 하라고 했다.

굉장히 흥분하고 착잡해진 캉디드는 마르탱과 같이 베니스에서 카니발을 보내려고 온 여섯 명의 외국인들 테이블에 합석했다. 카캉보는 그들 중 한 사람에게 술을 따르고 있었다. 그와 다른 하인들 혹은 노비들은 주인들에게 배의 출항 준비를 알렸다. 그들은 메시지를 전달한 후 신속히

떠났다. 그러나 여섯 번째 노비는 주인을 위해 또 다른 총명함을 보였다. "전하, 그들은 전하도 저도 더 이상 믿지 않을 것입니다. 전하와 저는 오늘밤 감옥에 갇힐지도 모릅니다. 전 제 일을 보겠습니다. 안녕히 계십시오." 테이블에 앉아 있던 사람들은 한동안 침묵을 지켰다. 드디어 캉디드가 여섯 사람 모두가 어째서 왕이라고 하는지 물었다. 각자 자신의 신분을 밝혔다. 그들은, 한때 회교국 군주였고 조카에 의해 폐위된 아슈메 3세, 유아였을 때 왕위를 빼앗긴 전 러시아제국 황제 이반, 폐위된 아버지에게서 왕권을 계승한 영국 왕 찰스 에드워드, 아버지가 영국 왕과 비슷한 처지였던 폴란드 왕, 왕국을 두 차례나 잃었던 또 한 사람의 폴란드 왕, 왕위에 선출됐지만 이젠 빈곤해진 코르시카 왕. 여섯 번째 왕의 사연은 좌중을 매우 감동시켜 그들은 그에게 옷을 사 입을 돈을 주었다. 캉디드가 그에게 2천 세퀸짜리 다이아몬드를 주자 왕들이 깜짝 놀랐다. 이들은 보통사람이 어떻게 그렇게 후할 수가 있는지 의아해 했다. 캉디드는 자기는 왕도 아니고 왕이 되고 싶지도 않다고 그들을 안심시켰다. 모두 떠날 준비가 되었을 때 전쟁으로 나라를 잃은 네 명의 다른 전하들이 도착했다. 그러나 캉디드는 오로지 콘스탄티노플에 있는 사랑하는 퀴네공드를 찾으러 가는 데만 관심이 있었다.

: 풀어보기

이 장들에서 볼테르는 도처에서 발견되는 불행과 악의 사례들을 추가했다. 아무리 비천하든 지체가 높든 누구도 이것을 피할 수 없었다. 특히 파케트와 지로플레 수사, 그리고 포코퀴란테 의원의 경우는 겉만 보아서는 알 수 없었다. 두 젊은 남녀는 서로에게 빠져 있었기 때문에 흠잡을 데 없이 태평하고 행복한 것 같았다. 이보다 더 사실과 동떨어진 것은 없었을 것이다. 두 사람은 비참하고 애처로운 사람들이었다. 영주처럼 살면서 유럽 전역에서 방문객들이 찾는 의원도 평온을 찾지는 못했다. 각각의 경우 적절한 결론을 낸 사람은 늘 엘리자베스 시대의 연극 해설가 같은 마르탱이었다.

볼테르는 이 부분에서 이름을 선택하면서 재미난 반어법을 약간 도입했다. 캉디드는 지로플레 수사를 얼굴에 젊음의 꽃이 빛난 것으로 묘사했다. 수사의 이름은 '스토크'란 식물을 뜻한다. 파케트는 '국화'를 의미한다. 저자는 또한 적극적인 선택에 의하지 않고 우연히 성직자의 길로 들어서서 결코 직분에 충실하지 못한 인물을 풍자한다. 지로플레 수사는 유복한 가문의 많은 아들 중 하나였다. 작은 아들들은 장자상속법에 따라 아버지의 재산을 상속할 수 없었다. 따라서 그들이 갈 길은 세 가지 신분, 즉 군부, 정부, 교회 중 하나였다. 농부나 상인이 되어 신분을 낮출 수는 없기 때문이었다. 그래서 성직자의 길로 들어선 많은 사람들이 전적으로 부적격자들이었음은 당연한 결과였다.

포코퀴란테 의원은 훌륭한 대저택, 잘 꾸며진 정원, 예술 작품들, 그리고 큰 서재 등으로 인해 매우 흥미로운 인물이 되었다. 그의 이름은 '거의 신경을 쓰지 않는'이란 뜻으로, 인격을 알 수 있는 열쇠이다. 볼테르는 아마도 장난기로 의원과 자신을 동일시했을 것이다. 볼테르는 레 델리스와 페르네이에서 60명의 하인들과 함께 호화로운 장원에서 살았다는 점을 기억할 것이다. 때때로 그는 이처럼 평온한 삶에 권태를 보였다. 그는 활발한 싸움을 좋아했던 것 같다. 문학에 관한 의원의 견해는 엄밀히 말해 저자의 견해로 여길 수는 없다. 그러나 밀턴이 '거친 시구로 된 10권의 책 창세기 첫 장에 긴 해설을 붙인 미개인'으로 묘사되는 것은 하나의 충격이다. 볼테르는 〈실낙원 *Paradise Lost*〉에 나오는 죄악과 죽음의 우화에 특히 반대했지만 매우 교의적인 책들에서까지 발견되는 밀턴의 격조 높은 무운시가 어떻게 거칠다고 할 수 있는지 의문이 든다. 포코쿠란테가 호머를 싫어한 것에 대해서는 대부분의 신고전주의자들(알렉산더 포프는 주목할 만한 예외지만)이 버질을 선호했다는 점이 지적될 수 있을 것이다. 이탈리아 르네상스의 서사시인들인 아리오스토와 타소는 오랫동안 볼테르가 좋아했던 시인들이었다.

    마지막으로, 이 부문에서 등장하는 여섯 왕들은 실제로 존재한 인물들이었다. 볼테르는 26장 말미쯤에 등장하는 네 명의 다른 왕들을 가리켜 '매우 고요한 전하들'이라고 언급하며 스스로 냉소에 더욱 탐닉했다. 그 요지는 이 세상 어디에서도, 설혹 그가 왕이라고 할지라도 고요함은 거의 찾아볼 수 없다는 것이다.

Chapters 27-30

 캉디드의 마지막 모험

　카캉보와 캉디드는 터키 황제 아메드의 명령에 따라 한 터키인 선장이 지휘하는 배에 타고 출항 채비를 했다. 두 사람은 '비참한 전하' 앞에 엎드렸다. 이제 퀴네공드의 품으로 날아가고 있기 때문에 희망에 부푼 캉디드는 베니스에서 만났던 여섯 왕들의 운명에 대해 곰곰이 생각하면서 그들과 자기의 운명을 비교했다. 그는 마르탱에게 "모든 것이 잘 되어 있다"고 한 팡글로스의 말이 옳았음을 확신시켰다. 마르탱은 캉디드의 생각이 옳기를 바랄 따름이라는 희망을 말할 수밖에 없었다. 그는 캉디드와 달리 그들이 폐위된 여섯 왕들과 식사를 같이 했다는 사실에 유별난 것은 없다고 보았다. 이러한 폐위는 매우 흔한 일이었기 때문이다.

　캉디드는 카캉보에게 고개를 돌려 퀴네공드에 관해 많은 질문을 했다. 그녀는 무슨 일을 하고 있을까? 여전히 비할 데 없는 미인인가? 카캉보가 그녀에게 콘스탄티노플에 저택을 사 주었는가? 그는 퀴네공드가 라고츠키(실제로 전 트란실바니아의 황태자였음)란 전 군주의 집에서 비천한 하녀일을 하고 있다는 말을 들었다. 더욱 언짢았던 것은 그녀가 아름다움을 잃었다는 사실이었다. 캉디드는 용감하게 추하든 아름답든 그녀를 사랑하는 것이 자기 의무라고 선언했다. 그러나 그녀는 어쩌다 이런 비참한 상태에 이르게 되었을까, 하고 자문했다. 카캉보는 막대한 부를 소유하고 있지 않았던가? 카캉보
는 부에노스아이레스 총
독에게 내야 했던 몸값
과 해적들에게 넘겨주지
않을 수 없었던 거액에
대해서 얘기했다. 그 자신도 폐위된 회교국 군주의 노비였다.

캉디드는 몇 개 남은 다이아몬드로 퀴네공드를 구출할 수 있으리라
는 생각에 위안을 삼았다. 그러나 이제는 자기가 여섯 왕들보다 실제로는
더 불행하지 않을까, 하는 생각이 들었다. 그는 마르탱에게 팡글로스가
답을 줄 수 있을 것이라고 말했다. 그러나 마르탱은 캉디드와 폐위된 왕
들의 운명보다 훨씬 더 불행한 사람들이 수두룩하다고 확신했다.

그들이 보스포러스에 도착하자 캉디드는 카캉보의 자유를 얻어냈고,
지체 없이 퀴네공드를 찾으려고 프로폰티스의 해안으로 향했다. 또다시

놀라운 우연한 일들이 한 가지 일어났다. 갤리선의 두 노예가 다름 아닌 팡글로스 박사와 퀴네공드의 오빠인 예수회 남작이 아닌가! "이게 꿈인가 생시인가?"라고 캉디드는 자문했다. "저 사람이 내가 죽였던 남작 각하란 말인가? 저 사람이 교수형에 처해진 것을 내 눈으로 목격했던 팡글로스 박사란 말인가?" 그러고 나서 그는 즉각 레반트인 선장과 두 사람의 몸값을 지불하는 협상을 했다. 그들은 한 사람은 남작이고 또 한 사람은 형이상학자인 '빌어먹을 예수쟁이들'이었으므로 터무니없는 값을 불렀다. 하지만 캉디드는 군말 없이 선장에게 돈을 주면서 모두를 가장 가까운 항구로 데려다 달라고 했다.

캉디드는 마르탱과 카캉보를 남작과 팡글로스에게 소개했다. 그들은 모두 얼싸안고 곧장 이야기를 나누었다. 항구에 도착하자 캉디드는 10만 세퀸어치의 다이아몬드를 팔아 몸값 5만 세퀸을 지불했다. 그는 다이아몬드를 더 팔았고, 모두는 트란실바니아 왕의 저택에서 부엌일을 하는 퀴네공드를 구하기 위해 다른 갤리선에 옮겨 타고 출발했다.

다시금 캉디드는 남작을 칼로 찌른 데 대해 용서를 청했다. 그러자 남작은 "이제 그 일은 더 이상 얘기하지 마세"라고 하면서 자기도 당시에 좀 너무 성급했었다는 것을 인정했다. 그리고 이어서 지난 이야기를 했다. 그는 예수회 형제인 약사에 의해 상처를 치료받은 후 일단의 스페인 병사들에게 끌려가 부에노스아이레스의 감옥에 갇히게 되었다. 여동생 퀴네공드가 부에노스아이레스를 막 떠난 시점이었다. 그 다음 그는 콘스탄티노플에 있는 프랑스 대사의 자선품 분배인으로 임명되었다. 임무를 맡은 지 일주일 되던 날, 그는 터키 황제의 젊고 매력적인 시종무관을 만났다. 날씨가 매우 더워 두 사람은 함께 목욕을 했다. 그러나 터키에서는 기독교도가 젊은 회교도와 벌거벗고 함께 있으면 큰 죄가 되었다. 회교도 치안판사는 남작에게 발바닥 1백 대의 태형과 갤리선에서 죄수로 일하도록 선고했다. 그는 이 판결이 너무 부당하다고 생각했다. 그건 그렇고 어째서 누이동생이 망명한 트란실바니아 왕의 부엌에서 일하고 있어야 한단 말인가?

이어서 캉디드는 팡글로스 박사에게 어떻게 살아남았는지 물었다. 그렇다. 그는 소나기 때문에 화형이 아니라 교수형에 처해졌다. 한 외과 의사가 그의 시체를 매입해 해부할 목적으로 가져갔다. 교수형을 당하면서 팡글로스처럼 어설프게 목을 매달린 사람은 없었다. 차부제(次副祭)인 종교재판소의 사형집행인은 화형에는 전문가였지만 목을 매다는 일에는 아주 초짜였다. 밧줄이 젖은 탓에 미끄러져 매듭이 잘못 지어졌다. 그래서 팡글로스는 여전히 숨이 끊어지지 않았던 것이다. 외과 의사가 배를 가르자 그는 비명을 질렀고 놀란 의사는 자기가 악마를 해부하고 있었다고 믿고 도망쳤다. 의사의 아내가 방으로 달려들어 왔다가는 남편보다 더 겁을 먹었다. 그녀는 도망치다가 남편의 엎드린 몸에 걸려 넘어지고 말았다. 그녀는 "여보, 무슨 생각으로 이교도를 해부하려고 한 거예요? 저 사람들 몸속엔 늘 악마가 있다는 것을 몰라요?"라고 말했다. 그녀가 신부를 불러 그에게서 악마를 쫓아낼 거라는 말을 들은 팡글로스는 오싹 전율을 느끼고 자기를 불쌍히 여겨 달라고 외쳤다. 드디어 그 '포르투갈의 이발사'—팡글로스는 그를 이렇게 불렀다—가 한껏 용기를 내서 팡글로스를 꿰매주었다. 게다가 그는 팡글로스를 베니스로 가는 몰타 기사의 시종으로 채용시켜 주었다. 하지만 그 기사는 무일푼이어서 팡글로스는 베니스 상인에게 넘겨져 함께 콘스탄티노플로 갔다.

어느 날 팡글로스는 늙은 회교 도사(導師)와 매우 매력적인 젊은 신도가 기도를 하고 있는 사원으로 들어갔다. 그 여자가 양쪽 젖무덤 사이에 끼고 있던 예쁜 꽃다발을 떨어뜨렸다. 여성에게 친절한 팡글로스는 꽃다발을 주워 다시 꽂아주었지만 동작을 어찌나 천천히 했던지 사제가 화를 냈다. 팡글로스가 기독교인임을 눈치 챈 그는 큰소리로 사람들을 불렀다. 그리고 팡글로스는 남작처럼 이슬람 판사 앞으로 끌려갔고 남작과 똑같은 형을 받았다. 갤리선에는 마르세이유 출신 젊은이가 네 명, 나폴리 신부들 다섯 명, 그리고 수사 두 명이 있었다. 두 수사는 남작에게 그가 겪은 일은 일상의 다반사라고 했다. 남작과 팡글로스는 누가 가장 고생했는가를 놓고 논쟁을 벌였는데, 후자는 술탄의 시종무관과 함께 홀딱 벗고 있었던 것보다는 여자의 가슴에 꽃다발을 다시 놓아준 것이 훨씬 더 용인될 수 있는 일이라고 주장했다. 그 때 캉디드가 나타나서 그들의 몸값을 지불한 것이다.

프로폰티스의 해안에 있는 트란실바니아 왕의 집으로 가는 도중 캉디드, 남작, 팡글로스, 마르탱, 그리고 카캉보는 자신들의 모험에 관해 충분히 얘기를 나누었고, 세상의 우연적·필연적인 사건들에 관해 추론했고, 원인과 결과, 정신적·물질적 악, 그리고 자유의지와 필연성에 관해 논쟁을 벌였다. 왕의 집에 도착했을 때 그들은 퀴네공드와 노파가 빨랫줄에 수건들을 널고 있는 것을 보았다. 아름다웠던 누이의 변한 모습을 보고 남작의 얼굴은 창백해졌다. 그녀의 피부는 이제 검었고 눈은 충혈되어 있었으며 뺨은 주름이 졌고 팔은 붉고 거칠었다. 그녀는 더 이상 남작이 기억하는 매혹적인 자태가 아니었다. 그녀는 오빠와 캉디드를 포옹했고, 캉디드는 이어서 노파를 포옹했다. 그는 두 여인의 몸값을 치렀다.

언제나 계획을 갖고 있는 노파는 동네에 작은 농장을 사서 더 나은 운명을 기다리자고 제안했다. 자신이 추해진 사실을 모르는 가엾은 퀴네공드는 캉디드에게 결혼 약속을 상기시켰다. "난 내 여동생의 천박함이

나 캉디드의 오만함을 절대 참을 수가 없어"라고 남작이 외쳤다. 그는 여동생의 자식들이 귀족 사회에서 배제될 것이라는 생각에 참을 수 없었다. 퀴네공드는 오빠의 발밑에 엎드려 고통스러운 눈물을 흘리며 애원했지만 그는 냉담했다. 캉디드는 그를 완전히 미쳤다고 하면서 자신이 그의 누이동생을 위해 했던 모든 일을 상기시켰다. 그러자 남작은 "자네가 나를 다시 죽일 수는 있겠지만 내 생전에 누이동생과는 절대 결혼할 생각 말게"라고 말했다.

캉디드는 사실 내키지 않았지만 남작의 오만과 퀴네공드의 애원으로 인해 결혼을 결심했다. 그는 팡글로스, 마르탱, 그리고 충성스러운 카캉보와 의논했다. 팡글로스는 훌륭한 논문을 준비했고, 그것으로 남작은 간섭할 아무런 권리가 없으며 퀴네공드는 캉디드와 귀천상혼*할 수 있다는 점을 만족스럽게 입증했다. 마르탱은 남작을 바다에 집어던져야 한다고 생각했다. 카캉보는 남작을 갤리선으로 다시 보내 첫 배편으로 로마의 교구장 신부에게 보내버려야 한다고 했다. 아무것도 듣지 못한 퀴네공드를 제외하고 모두가 그 계획에 찬성했다. 그래서 그들은 예수회 신부를 골탕 먹이고 독일 남작의 오만을 벌주는 기쁨을 맛보았다.

퀴네공드와 결혼하고, 두 철학자와 더불어 사려 깊은 카캉보와 산다면 캉디드는 이제 즐거운 생활을 할 듯이 보일 것이다. 그러나 그는 유대인들에게 너무 사기를 당한 나머지 가진 것이라곤 작은 농가뿐이었다. 그의 아내는 나날이 더욱 추해졌고 심술궂어 갔다. 이제 불구의 몸이 된 노파는 퀴네공드보다 더 참을 수 없게 되었다. 카캉보도 행복하지 않았다. 일이 많아 지쳤고 운명을 한탄했다. 팡글로스는 어느 독일 대학교에서 크게 인정받지 못해 실망하고 있었다. 마르탱의 비관론도 전보다 더욱 확고

---

* **귀천상혼**(貴賤相婚): 왕족과 상민의 결혼. 결혼은 정식으로 하되 신분이 낮은 쪽의 지위를 유지하게 된다.

해졌지만 운명을 참을성 있게 받아들였다.

　캉디드, 마르탱, 그리고 팡글로스는 시간의 상당 부분을 형이상학과 도덕에 관해 논쟁하고 창밖의 광경을 지켜보며 보냈다. 그들은 종종 모든 계급의 터키 장교들이 농장 배에 실려 유배되는 것을 보았다. 또 다른 관리들이 그들을 대신하려고 도착하는 것도 보았다. 이들 역시 때가 되면 언제든지 쫓겨날 운명이었다. 그들은 '제대로 박제된 머리들'이 술탄의 궁전 문으로 이송되는 것도 보았다. 이러한 광경들로 인해 세 사람의 논쟁은 더욱 열을 띠게 되었으나 무료함은 깊어졌다. 노파가 질문을 던졌다. 검둥이 해적들한테 1백 번이나 겁탈 당한 것, 엉덩이 한 쪽을 잘린 것, 불가리아인들에게 몽둥이찜질을 당한 것, 종교 화형식에서 죽도록 매맞은 다음 교수형을 당한 것, 교수형 당한 후 다시 해부당한 것, 그리고 갤리선에서 노를 젓는 것―요컨대 우리 모두가 지금까지 겪은 이 모든 불행들―혹은 아무 할 일 없이 이곳에서 지내는 일들 중 어느 것이 더 고약한가요? 캉디드는 생각을 해봐야 할 아주 어려운 문제라고 말했다. 마르탱은 근심과 무료한 상태에서 사는 것이 인간의 운명임을 확신했다. 캉디드는 동의하지 않았지만 아무런 주장도 하지 않았다. 팡글로스는 자신의 인생은 고통으로 가득 찼었다고 시인했지만 여전히 모든 것이 훌륭하다는 자신의 입장을 옹호했다. 비록 그 자신도 그렇다고는 믿지 않더라도.

　그들이 파케트와 지로플레가 아주 비참하게 농장으로 돌아오는 것을 보았을 때 마르탱은 자신의 비관적인 인생관이 옳다는 것을 절대 확신했다. 두 사람은 캉디드가 주었던 돈을 탕진했고, 언쟁을 했고, 화해했다. 그들은 감옥에 갇혔다가 탈출했다. 지로플레 수사는 이슬람교로 개종하겠다는 그의 위협을 실천했고, 가없은 파케트는 몸 파는 일을 여기저기서 하려고 노력했지만 더 이상 돈이 벌리지 않았다. 마르탱은 캉디드에게, 자기는 캉디드와 카캉보가 돈을 탕진할 것이고 그들이 지로플레 수사나 파케트보다 더 행복할 건더기도 없다는 것을 알고 있었다고 말했다. 팡글로스는 파케트에게 그녀 때문에 자기 코끝과 한 쪽 눈과 한 쪽 귀가 망가진 것을 아느냐고 말하면서 반갑게 맞았다.

이 새로운 모험을 계기로 그들은 어느 때보다 더 철학적인 토론을 하게 되었다. 그들은 기본적인 질문에 답을 얻으려고 터키 최고의 철학자로 알려진 매우 유명한 회교 수도승의 자문을 구하면서 이렇게 물었다. 인간이라고 하는 괴상한 동물이 왜 생겨났는지요? 수도승은 그들이 자기들과 무관한 일에 끼어들고 있으며 지상에 악이 지독하게 많아도 상관없는 일이라고 대답했다. "황제 폐하께서 이집트로 배를 보낼 때 배 안의 생쥐가 편히 있는지 그렇지 않은지 염려하신다던가?" 수도승은 이렇게 말하고, 그들이 할일은 입을 다물고 있는 것이라고 했다. 팡글로스는 충격을 받았다. 그는 이 수도승과 원인과 결과, 최선의 세계, 악의 근원, 인간의 본성, 그리고 예정조화설*에 관해 토론하기를 바랐다. 하지만 그 승려는 그들을 내쫓고 면전에서 문을 닫아버렸다.

한편, 콘스탄티노플 당국이 터키 대신(大臣) 두 사람을 교살했고, 그들의 동료 몇 사람도 말뚝에 박아 죽였다는 소문이 나돌았다. 이 참사는 도처에서 여러 시간 동안 큰 소란을 일으켰다. 농장으로 돌아오자마자 팡글로스, 캉디드 그리고 마르탱은 오렌지 나무 그늘에서 쉬고 있는 한 노인을 만났다. 그들은 그에게 방금 교살된 고관의 이름이 뭐냐고 물었더니 노인은 아무것도 모르는 체 했다. 그는 추측컨대 공무에 관여하는 사람들은 가끔 고통을 당하며 또 그래야 마땅하다고 했다. 자기는 정원을 가

---

* **예정조화설:** 각각의 모나드(수학상 용어로 1 또는 단위를 뜻함)는 외부와의 상호작용이 없지만 미리 신이 조화롭게 움직이도록 프로그램을 짜놓았다는 것.

꾸는 일에 만족한다고 했다. 그리고는 세 사람을 집으로 들여 다과를 제공했다. 노인의 두 딸은 방문객들의 수염에 향수를 뿌려주었다. 캉디드는 매우 감격했다. 그는 이 착한 회교도가 엄청난 재산이 있을 것으로 확신했지만 사실은 20에이커밖에 갖고 있지 않다는 것을 알게 되었다. 노인은 "난 그 땅을 내 자식들과 경작한다오. 일을 하면 세 가지 큰 악인 권태, 악습, 가난을 물리쳐주지"라고 말했다.

농장으로 돌아가면서 캉디드는 노인이 한 말을 깊이 생각했다. 그는 팡글로스와 마르탱에게 그 노인이 베니스에서 만났던 여섯 왕들의 삶보다 훨씬 나은 삶을 스스로 일궈냈다고 말했다. 팡글로스는 성서적이고 세속적인 역사를 끌어들여 권세란 언제나 위험하다는 것을 증명하려고 여느 때처럼 길게 의견을 늘어놓았다. 캉디드는 "저도 우리가 우리의 밭을 가꿔야 한다는 것을 압니다"라고 말했다. 철학자 친구는 그 말에 동의하고, '추론은 그만두고 일을 합시다. 일을 하는 것만이 삶을 견딜 만하게 만드는 유일한 길'이라고 덧붙였다. 그래서 퀴네공드, 파케트, 지로플레 수사를 포함한 이 작은 모임의 구성원들은 이런 칭찬할 만한 계획을 실천에 옮겼다.

못 말리는 낙관주의자 팡글로스는 때때로 이 있을 수 있는 세계 중 최선의 세계에서는 모든 사건들이 논리적으로 연관되어 있다는 자신의 믿음을 되풀이했다. 그는 캉디드가 멋진 성에서 추방되지 않고 수많은 고난을 경험하지 않았더라면 지금 이곳에서 설탕에 절인 레몬과 피스타치오 열매들을 먹고 있지 못할 것이라고 주장했다. 캉디드는 대답했다. "그 말씀 참 잘하셨습니다. 하지만 우리는 이제 우리의 밭을 가꿔야 합니다."

이 마지막 세 장에서 볼테르는 캉디드의 주요 인물들을 함께 모아 파란만장했던 이야기를 훌륭하게 해결하는 데 성공했다. 거의 마지막까지 인간의 비합리성, 편협성, 잔인성, 탐욕이 강조되었다. 그 상당 부분은 예수회 남작과 팡글로스의 이야기에 설명되어 있었다. 그가 경험한 '포르투갈인 이발사'와 그의 아내 이야기는 세부 내용이 아무리 섬뜩하다 할지라도 가장 웃음을 자아내는 저속한 희극 한 토막이었다. 이제 자신의 밭을 가꿔야만 한다는 마지막 권고에 이르러서 볼테르는 특히 공직자들에게 찾아드는 악을 강조했다. 즉 터키 고관들이 목이 졸리고 효수된 머리들, 그리고 후임자들의 운명도 나을 게 없으리라는 징후를 비롯하여 캉디드가 잊을 수 없었던 여섯 왕들의 비참한 처지 등. 그 착한 노인은 "대체로 공직에 관여하는 사람들은 때때로 비참하게 끝나는데 그래야 마땅하다"라고 추정했다. 볼테르는 궁정과 귀족 집단 내에서 어려움을 겪었으며 투옥되고 추방되기도 했다는 점을 기억할 수 있다. 그는 제네바 근처와 페르네에 있는 저택으로 은퇴했는데 여기서 정말로 '자신의 밭을 가꾸었고' 긴 인생이 다할 때까지 부지런히 일했다.

이신론자인 볼테르는 신을 믿었다. 우주의 배열에는 설계자가 있는 것으로 추정되었다. 그러나 신이 세상사에 개입

한다고 생각하는 것은 볼테르가 볼 때 미신이었다. 그가 자신의 견해를 분명히 한 핵심 대목은 다음과 같다.

팡글로스는 대변자였고 이렇게 말했다. "승려님, 저희들은 인간이라고 하는 이처럼 괴상한 동물이 어째서 생겨나게 됐는지 여쭤보려고 왔습니다."

"왜 끼어들려고 합니까? 그게 당신들과 무슨 상관이 있단 말이오?" 수도승은 말했다.

"하지만 승려님, 지상에는 악이 지독하게 많아요." 캉디드가 말했다.

"악이나 선이 있다는 게 무슨 상관이오? 술탄이 이집트에 배를 보낼 때 배 안의 생쥐가 편안한지 안 한지 염려하신단 말인가요?" 수도승은 말했다.

"그럼 저희들은 어떻게 해야 합니까?" 팡글로스가 말했다.

"입을 다물고 잠자코 계시오." 수도승이 말했다.

이어서 팡글로스가 그와 수도승이 원인과 결과, 악의 본질, 그리고 예정조화설 — 요컨대 라이프니츠 철학 — 에 관해 토의하고 싶다는 희망을 말했을 때 수도승은 면전에서 문을 닫아버렸다. 볼테르는 체계적 철학에 대한 믿음을 잃었던 것이다.

이전의 장에서처럼 이 세 장 중 첫 두 장에서 캉디드의 태도는 흔들렸지만 팡글로스가 가르친 낙관적 믿음을 완전히 포기한 것은 아니었다. 하지만 마지막 장에서 20에이커의 경작지를 소유한 노인과 대화가 있은 후, 그는 마침내 인간은 이 세상의 악을 이해할 수 없다고 확신하게 되었다. 따라서 인간은 헛된 당혹 속에서 사태를 더욱 악화시켜서는 안 된다. 인간은 중용과 건전한 상식의 조언에 따르고 자신이 지닌 좁은 테두리 내의 지식이 최소한 자신에게 절제를 가르치도록 하게 해야 한다. 무엇보다도 그가 일에서 버팀목을 찾게 하라. 설사 그가 그 일의 방향을 알지 못하더라도. 한 마디로, 그가 자기 밭을 가꾸게 하라. 그렇게 함으로써만 삶은 의미가 있게 되고 작은 행복이 실현될 수 있다. 근본적으로 인생의 목표는 낭만주의자들이 믿는 것처럼 행복의 추구가 아니다.

이 점이 볼테르가 마지막 장과 자신의 이야기 전체에서 주장한 핵심 사항이다. 그러나 이 마지막 장들에는 다른 흥미로운 면이 많이 있다. 마지막까지 볼테르는 반성직자 풍자를 계속했다. 여전히 방탕아였던 지로플레 수사는 터키의 회교도가 되었고, 예수회 남작은 오만한 자존심으로 인해 갤리선으로 다시 보내진 다음 로마로 보내지는 벌을 받았다. 다른 사람들이 경작하기로 계획했던 정원에 그가 있을 자리는 없었다. 볼테르는 '예수회 수사를 골탕 먹이는 기쁨'에 대해 썼다. 화형 집행 전문가였지만 교수형 집행에는 매우 서툰 것으로 드러났던 종교재판소 집행관에 대해 팡글로스가 한 발언은 교회를 겨냥한 풍자의 일부였다.

　　남작에 관해서 볼테르는 프레데릭 대왕을 겨냥한 개인적인 풍자로 돌아갔음을 또한 주목해야 한다. 남작은 계속 자신의 혈통에 대해 우스꽝스럽게 자부심을 갖는다. 또 이젠 추하고 가난해진 누이동생을 기꺼이 돌보겠다고 하는 평민과 결혼하는 것을 절대 허용하지 않겠다고 거부한다. 이 얼마나 우스꽝스러운 일인가. 젊은 시종무관에 관한 일화는 프레데릭 대왕이 성도착증이 있었던 것으로 추정됨을 시사했다. 캉디드가 유대인들에게 속았다는 발언 역시 사적인 일과 연관이 있었다. 볼테르 자신은 유대인 은행가들의 파산으로 재정적 손실을 당했던 적이 있었던 것이다.

마무리
노트

라이프니츠 철학

　　여기서는 볼테르가 '낙관주의'라고 부른 고트프리드 빌헬름 라이프니츠(1646-1716)의 철학에 대한 설명은 자세히 하지 않겠다. 낙관주의라는 말은 볼테르가 캉디드의 부제로 사용했지만 오직 철학 이야기의 이해와 관련된 사항들에 대해 주의를 환기시키기 위함이었다. 이 작품에서는 라이프니츠의 사상에 대한 언급이 되풀이된다. 팡글로스가 라이프니츠를 독일이 낳은 가장 심오한 형이상학자라고 부르면서 끊임없이 라이프니츠의 용어와 개념을 사용한 것을 고려할 때 그는 종종 이 독일 철학자와 동일시되었다. 위에서 지적한 바와 같이 볼테르는 팡글로스라는 인물을 통해 라이프니츠를 풍자했다.

　　일찍이 1733년에 볼테르는 〈템플 뒤 구 Temple du gout〉의 한 주석에서 라이프니츠보다 조국 독일에 영예가 됐던 학자는 없었으며 자기가 존경한 뉴턴보다 더 박식하다고 썼지만 진정으로 철학에 관심을 갖게 된 것은 1737년이었다. 그 해 프레데릭 대왕은 그에게 라이프니츠의 견해를 체계화한 것으로 알려진 크리스찬 볼프의 저서에 관해 열렬히 찬양하는 편지를 썼다. 볼테르의 연인 샤틀레 부인은 헌신적인 라이프니츠파였으며 볼테르는 실레에 머무는 동안 주로 뉴턴에 집중하면서도 라이프니츠의 철학에 대한 연구와 장시간의 토의에 참가했다.

볼테르는 독일 수학자 쾨니크에게 보낸 1752년 11월자의 편지에서 라이프니츠의 사유 방식과 '아이디어의 씨앗들'을 퍼뜨리는 경향에 존경을 표했다. 그리고 〈루이 14세의 세기〉(1756)에서 라이프니츠가 훌륭하다고 썼다. 그러나 근본적으로 볼테르는 체계적 철학에 대한 모든 시도들을 의심했다. 1737년에는 프레데릭 대왕에게 이렇게 썼다. "모든 형이상학에는 두 가지가 들어 있습니다. 현명한 사람들이 알고 있는 모든 것과 그들이 절대 알지 못할 것 두 가지 말입니다." 볼테르는 어떤 견해에서는 라이프니츠와 공감했다. 그 자신도 우주를 창조하고 영광이 하늘과 땅에 있는 하느님을 믿었다. 그리고 세계가 전적으로 기계적이라거나 예정되어 있다거나 물질적이라고 하는 사상은 배격했다. 그는 인간사를 신의 섭리로 설명할 수 있다는 사상을 받아들일 수 없었다. 그는 이신론자였지만 그의 신은 칼라일의 말을 빌리자면 부재의 신이었다. 1730년대에 쓴 한 편지에서는 배의 선창에 있는 생쥐와 선장의 완벽한 무관심이라는 유추를 이용했는데, 이것은 그가 캉디드의 말미쯤에서 되풀이한 것과 동일한 유추였다. 1741년에 이르러서는 라이프니츠파의 주요 가르침을 분명히 반박했다. 그는 "솔직히 말해서 라이프니츠는 제반 과학을 혼란에 빠뜨리기만 했다. 그의 충족 이유, 그의 연속성, 그의 전 우주, 그의 단자들은 혼란의 병원균들이며 볼프가 4절판으로 된 15권의 책에 조직적으로 부화시켜 놓았는데, 이는 그 어느 때보다도 더 독일인들을 많이 읽되 거의 이해하지 못하는 습관으로 내몰게 될 것이다."

라이프니츠 철학의 두 주요 핵심은 신은 자비로우며 최선의 세계를 창조했다는 것이다. 그러나 그는 세계가 완벽하다거나 악이 존재하지 않는다고 주장한 것은 아님을 인식해야 한다. 그가 진정 뜻했던 것은 신의 자애로움과 피조물에 대한 끊임없는 관심 덕분에 도덕적이고 옳은 것 — 이것이 궁극적 현실임 — 이 마침내 나타난다는 것이었다. 그것은 신의 뜻을 전체로 보아야 하는 문제이며 고립된 부분으로 판단해서는 안 된다는 것이다. 라이프니츠는 자연은 질서정연하게 움직이며, 자연법칙은 불변이고, 어떠한 일탈도 우주의 질서를 뒤엎게 된다고 주장했다. 그는 물질을 분리할 수 없는 것으로 정의했다. 이에 대해 그가 붙인 이름은 단자(monad)였다. 그의 이론에 따르면 모든 물질은 단자로 구성되어 있으며 이것들은 계층적 눈금의 최저점에서 최고점으로 오른다. 따라서 그는 연속성의 원리와 존재의 거대한 사슬을 설명한다.

볼테르는 〈캉디드〉를 쓰면서 폭넓은 독서와 경험으로 이러한 사상을 배격하는 충분한 근거를 갖게 되었다. 〈캉디드〉에서 "모든 게 잘 되어 있다"는 구절은 젊은 주인공과 팡글로스에 의해 되풀이되는 후렴이지만 저자는 이에 냉소한다. '있을 수 있는 모든 세계에서 최선'이란 구절은 냉혹한 농담이 된다. 모든 게 사슬을 이루고 개개인은 이 사슬의 한 부분에 있어야 한다는 믿음은 순전히 터무니없는 것으로 배척된다. 또한 개인의 악행은 공동선에 기여할 따름이며, 인간사는 모두 신의 섭리의 측면에서 보아야 하고, 조화는 예정되어 있다는 믿음을 볼테르는 배격한다.

알렉산더 포프의 인간론

　　영국은 물론 유럽 전역을 통해 낙관주의적 철학을 그 어떤 저서보다 더 대중화 한 책은 알렉산더 포프의 〈인간론〉이었다. 이 작품은 인간에 대한 신의 방식을 철학적으로 정당화하려는 합리적인 노력이었다. 서문에서 서술된 것처럼 볼테르는 영국에서 2년 이상 체류하는 동안 이 영국 시인을 잘 알게 되었고 볼테르가 대륙으로 건너 간 후에도 꽤 정기적인 서신 왕래가 있었다. 볼테르를 포프의 열렬한 찬미자로 부를 수도 있다. 때때로 그는 이 영국 시인과 똑같은 사상을 흉내 내는 데 불과하다는 지적도 받았다. 그는 리스본의 재해에 관한 시를 출간했던 1756년까지도 포프를 찬양했다. 그 해 출간된 〈철학 서한〉에서 볼테르는 이렇게 썼다. "〈인간론〉은 내가 볼 때 지금까지 어느 언어로 작성된 시 중에서도 가장 아름답고 교훈적이며, 가장 유용하고, 가장 빼어난 시인 것 같다." 이는 아마도 볼테르가 실제 세계의 경험과 관련, 낙관주의적 철학에 의해 제기되는 문제들과 싸우면서 그의 태도가 어떻게 흔들릴 수 있을

지를 보여주는 또 다른 실례에 지나지 않을 것이다. 왜냐하면 리스본 사태에 관한 시와 〈캉디드〉에서 그는 "존재하는 것은 무엇이든 옳다"는 반복되는 포프의 구절을 언급하면서 그것을 비웃었다. 불행으로 가득 찬 세상에 "모든 게 잘 되어간다"고 하다니!

다음은 〈인간론〉의 주요 사상이다. (1) 무한한 지혜의 신이 존재한다. (2) 그는 있을 수 있는 세계 중 최선의 세계를 창조했다. (3) 모든 것을 감싸는 전 우주는 실재하며 계층적이다. (4) 진짜 선은 고립된 부분의 선이 아니라 전체의 선이다. (5) 자애와 사회적 사랑은 모두 인간 행위에 동기를 부여한다. (6) 선은 달성할 수 있다. (7) "한 가지 분명한 진실이 있다. 존재하는 것은 모두 옳다." 포프에 따르면 부분적인 악은 보편적 선에 기여한다. "올바로 이해한다면… 하느님은 악을 보내지 않는다." 이 원리에 따르면 악 그 자체는 개탄스러운 것이지만 선을 가져올 수 있다. 예를 들어 시기심이 동기가되어 용기를 내서 다른 사람이 성취한 것을 모방하고 싶어 할지 모른다. 그리고 탐욕스러운 사람은 신중의 미덕을 얻을 수도 있다. 처음부터 많은 사람들이 포프가 왜 라이프니츠에 의존했는지 쉽게 이해할 수 있다.

주요 절은 서간 I의 281-294행에 있으며 여기서 적절히 인용해 본다.

그러면 중단하라, 또한 질서나 불완전을 거명 말고

우리의 적절한 희열은 우리가 무엇을 나무라는지에 달렸다.

네 자신의 목적을 알라. 하늘이 네게 내리는 이 친절하고

합당한 정도의 무지, 결점.

복종하라. 이 영역이나 다른 영역에서,

네가 감내할 수 있을 만큼 축복받도록 굳게 지켜라.

성패를 정하는 하느님의 손에서는 안전하며,

또는 출생이나 죽음의 순간에

모든 자연은 너에겐 알려지지 않은 예술이다.

네가 볼 수 없는 모든 기회, 방향

이해하지 못하는 모든 불협화음, 조화

모든 부분적인 악은 보편적 선이다.

이성의 심술을 그르치게 하는 자만심의 심술

한 가지 진실은 분명하다. 존재하는 것은 모두 옳다.

리스본 재해에 관한 시

1755년 11월 1일, 무서운 지진이 포르투갈과 스페인에서 발생했다. 이 지진으로 인해 적어도 20개 마을과 도시가 엄청난 고통을 겪었다. 최악의 피해를 본 곳은 리스본이었다. 사상자는 3만 내지 4만 명으로 추산되었고, 그 중 1만 5천 명이 리스본에서 사망했다. 재산 피해는 끔찍스러울 정도였다.

이 참사는 필연적으로 신학자들과 낙관주의 철학을 믿었던 사람들에게 매우 심각한 문제를 제기했다. 전자는 원죄와 사악의 개념에 의존하여 지진의 원인을 죄지은 사람들에 대한 신의 진노로 돌렸다. 북유럽의 신교 성직자들은 리스본 사람들 대부분이 로마 가톨릭이기 때문에 지진이 일어났다고 주장했다. 가톨릭 중에서도 반얀센파와 친얀센파들의 목소리가 특히 높았다. 그리고 포르투갈 수도의 성직자들은 지진은 신교도들의 존재 때문에 신이 진노한 결과라고 믿었다. 이단자로 찍힌 사람들은 강제로 세례를 받았고, 더 이상의 지진을 막기 위해 종교재판소의 화형이 제도화되었다. 볼테르는 다른 답을 찾은 철학자들 중 탁월한 인물이었다.

우리는 세월이 흐르면서 볼테르의 비관주의가 더욱 현저해졌음을 보았다. 지진이 발생하기 아주 오래 전에 그는 일반적 낙관론을 배격했다. 그의 태도는 확실히 무엇보다도 그의 나이와 와병, 샤틀레 부인의 사망, 베를린-프랑크푸르트에서의 경험, 그리고 루이 15세에게 배척당한 일과 스위스로 망명케 했던 궁정에 의해 영향을 받았다. 그러나 볼테르에게 이 엄청난 지진은 '모든 게 잘 되어 있다'는 주장이 허튼소리라는 명백한 증거를 제공했다. 이성을 지닌 사람들이라면, 선한 사람에게 보상을 해주는 자애롭고 관심 많은 신이 인도한다는 이 세상에서 더 이상 안전한 삶을 찾지 않을 것이라고 볼테르는 확신했다. 그는 인간의 삶에는 우연이 더 큰 역할을 하며,

사람은 기본적으로 약하고 무력하고, 자신의 운명을 모른다는 것을 그 어느 때보다 더 확신하게 되었다. 사람은 좀더 행복한 상태를 바랄 수 있을지 모르지만 그건 그의 낙관론의 논리적 한계인 것이다.

지진 발생 직후의 볼테르의 서신은 그의 우려가 어느 정도인지 확실하게 보여준다. 1755년 11월 24일, 그는 리용에 있는 트론친 형제들 중 한 사람에게 '있을 수 있는 세계 중 최선의 세계'에서 운동의 법칙*이 어떻게 이처럼 끔찍한 참사를 가져오는지 알기 어려울 정도라는 편지를 썼다. 다시금 그는 단순한 우연이 종종 개인의 운명을 어떻게 결정하는지 논평했다. 특히 종교재판소 관리들 같은 성직자들이 자신들의 저택이 아직도 리스본에 서 있다면 뭐라고 할 것인지 궁금했다. 볼테르는 종교재판소 판사들도 다른 사람들처럼 참담했으리라는 바람을 나타냈다. 그렇게 되면 인류에게 관용의 교훈을 가르쳐줄 테니까. 종교재판소 판사들은 일부 광신도들을 불에 태우지만 지구는 성직자든 이단자든 가리지 않고 삼켜버리지 않는가. 그는 M. 베트랑에게 보낸 나흘 후의 편지에서 다시 지진에 대해 언급하면서 알렉산더 포프가 만약 그 운명의 날에 리스본에 있었더라면 과연 모든 게 잘 되어 있다고 감히 말하

---

* **운동의 법칙**(laws of motion): 뉴턴이 내세운 물체의 운동에 관한 역학적 기본 법칙. 제1법칙은 관성의 법칙, 제2법칙은 가속도의 법칙, 제3법칙은 작용반작용의 법칙.

였겠는지 물었다.

"리스본 재해에 관한 시"는 1755년 12월 초에 썼다. 그것은 조금씩 누적된 작업이었고, 1756년에 발간된 최종판은 180행이었다.

볼테르의 시는 〈캉디드〉에 대한 필수 소개서라 할 수 있다. 이 시에서 제기된 거의 모든 질문은 은연중 〈캉디드〉에도 나타난다. 두 작품 모두 낙관론을 격렬히 공격한다. 형식과 수단을 떠나서 두 작품의 기본적인 차이라면 시에는 빈정거림, 냉소, 조롱, 좋은 기분, 그리고 야비한 유머가 없다는 것이다. 볼테르는 시에서 내내 대단히 진지했고, 무고한 사람이나 죄지은 사람이나 모두 운명의 볼모가 된 세상에서 살아가는 인류의 운명에 대해 깊이 연민하는 어조를 띠었다. 그는 알렉산더 포프를 단호히 포기하고 피에르 베일의 회의적 견해를 지지했다. 그는 낙관론에 대한 포프의 믿음은 자유의지와 같은 보편적으로 인정되는 사상의 전 범주를 파괴하는 숙명론적 체계를 세웠다고 주장했다. 이어서 정말 이것이 있을 수 있는 모든 세계에서 최선의 세계라고 한다면 원죄라는 것은 없었을 테고 인간성은 타락할 수 없거니와 구세주도 필요 없게 된다고 했다. 독자들은 이것이 〈캉디드〉 5장 말미에서 언급된 요지임을 기억할 것이다. 여기에서 팡글로스는 '종교재판소의 포리(捕吏)'와 대담을 했다. 볼테르는 또한 모든 불행이 보편적인 선에 기여한다면 인간은 미래의 행복이 필요 없으며, 또 도덕적·물리적 악의 근원을 찾으려고 해서는 안 된다고 선언했다. 더욱이 이것이 사실이라면 하느님이 볼 때 인간은 인간을 집어삼키려고 하는 바로 그 동물들처럼 하찮은 존재다. 그리고 이는 인간의 존엄성을 완전히 부정하는 것이다. 볼테르에게 인간은 계층적 조직에서 한 자리를 차지하는 사슬의 일부가 아니었다. 적어도 인간은 미래에 희망이 있었다. 볼테르는 또한 사건의 논리적 연쇄란 생각에 반대했다. 지진은 끊임없는 연속과 필연인 보편적 질서의 개념을 배격할 수 있는 충분한 증거를 볼테르에게 제공했다. 팡글로스도 그의 제자도 자신들의 창조주의 견해에 찬동할 수 없었다. 볼테르는 낙관주의는 안락함의 원천이 되기는커녕 절망의 교의(敎義)라고 결론지었다.

다음 질문을 던진 사람은 인도주의적인 볼테르이다. 우리는 억울한 희생자들이 죄를 범했다고 정의로운 신의 처벌을 받고 있다고 정말 말할 수 있을까?

> 그렇다면 엄마의 품속에서 피를 흘리는 아기들이
> 악한 행위를 했다고 탓할 수 있는 것인가?
> 그렇다면 관능적 쾌락으로 넘치는 파리에서보다
> 무너진 리스본에서 더 많은 악이 발견된 것인가?
> 사치스러운 부유함이 왕좌를 차지하는 런던에서는
> 방탕의 도가 덜한 것인가?

볼테르는 이기심과 자만심 때문에 자신이 고통에 반항했다는 주장을 배격했다.

내 몸을 매장하려고 땅이 갈라질 때
나는 응당 이러한 악운을 불평할지도 모른다.

볼테르는 전능한 신이 왜 자신의 목적을 다른 방식으로 달성할 수 없는지 물었다. 지진은 좀 멀리 떨어진 무인 지역에서 일어날 수도 있지 않았는가? 그리고 희생자들은 어째서 그 무서운 참사가 공동선을 위해 발생했다는 생각에 위안을 받으면서 죽을 것이라고 결론을 지어야 한단 말인가? 그는 하느님을 존경했지만 약한 인간들을 사랑했다.

머리말에서처럼 시에서 볼테르는 필연주의를 배격했다. 그것은 그에게 아무런 위안이 되지 않았다. 그는 모든 생명체는 고통과 도살의 잔인한 세상에서 살 운명인 것 같다고 썼을 때 거의 완전한 절망 상태가 되었다. 그렇다면 섭리론을 어떻게 믿을 수 있단 말인가?

'모든 게 잘 되어 있다'고 어떻게 말할 수 있을까? 볼테르의 놀라운 결론은, 인간은 아무것도 모르고, 자연은 우리에게 아무런 메시지도 주지 않으며, 하느님은 인간에게 말하지 않는다는 것이다. 인간은 허약하고 암중모색하는 피조물로서 몸은 썩고 잇따른 슬픔을 겪을 운명인 것이다.

우리는 상상 속에서 하늘의 왕좌에 오르지만

그러나 우리 자신의 본성은 아직도 미지의 상태다.

독자는 인생의 의미와 인간의 숙명을 탐구하고 싶다는 바람을 피력한 팡글로스에게 이슬람교 수도승이 해준 비관적인 대답을 기억할 것이다.

볼테르는 그 시집을 장 자크 루소에게 보냈다. 그가 받은 답변은, 자연이 자비롭다고 확신하고 섭리론을 지지한 사람에게서 기대할 것은 아무것도 없다는 것이었다. 그는 볼테르가 영적인 문제들에 과학을 적용하려 한다고 비판하고, (모든 낙관론자들이 그랬듯이) 악은 우주의 존재에 필요하고 어떤 악들은 공동선을 이룬다고 주장했다. 루소는 볼테르가 섭리의 개념을 포기하든가, 요컨대 섭리의 개념은 유익하다고 결론을 내려야 한다는 점을 암시했다. 볼테르는 논쟁을 피했고, 몸이 아프다는 핑계를 댔다. 이 모든 것이 보여주는 특별한 의미는 루소가 〈고백록 Confessions〉에서 말한 것처럼 볼테르는 자신의 주장을 반박하려고 〈캉디드〉를 썼다는 확신을 계속 견지했다는 점이다.

다른 영향력의 원천

〈캉디드〉에는 볼테르의 반전관(反戰觀), 잔인무도한 전쟁에 대한 혐오감이 매우 두드러지게 나타난다. 서유럽, 남미, 모로코, 터키에서 있었던 전쟁에는 말할 수 없는 공포가 뒤따랐다. 특히 리스본 대지진 이듬해인 1756년에 발발했고, 〈캉디드〉를 썼을 때도 여전히 유럽과 신세계를 휩쓴 7년 전쟁으로 인해 그는 우울증에 빠졌다. 7년 전쟁은 오스트리아, 프랑스, 러시아, 스웨덴, 독일의 작센 주가 연합군을 형성하고 프러시아에 대항한 전쟁에 붙여진 명칭이었다. 그 목적은 프레데릭 대왕의 점증하는 힘을 파괴하거나 최소한 상당히 약화시키는 데 있었다. 역사가들은 이 전쟁을 통해 독일이 근대적 대국으로 부상했으며, 영국이 아메리카 대륙에서 승리함으로써 대영제국의 기초를 닦았다는 점을 지적할지 모른다. 그러나 볼테르에게 그것은 소름끼치는 범죄행위였다. 프라하 전투(1756년 5월 5일)에서만 독일은 전력의 20.8퍼센트를 잃었다. 상대측도 이에 상응하는 사상자를 냈다. 그리고 이 전화 속에서 민간인들이 큰 피해를 입는 것은 필연적이었다.

볼테르는 평화를 구축할 수 있으리라는 바람에서 외교관 역할을 하면서 프레데릭 대왕과 리셸뤼에 공작을 결속시키려고 노력했다. 그는 작스-고트 부인에게 보낸 편지(1557년 10월 11일)에서 아무도 관심을 두지 않는 전쟁으로 이미 2만

명이 사망했다고 썼다. 달랑베르 씨의 주소로 된 한 편지에서는 왕들에게 봉사하다 사망한 사람들이야말로 형편없는 바보들이라고 단언했다. 독자들은 캉디드가 불가리아 병사로 복무할 때 전투중에 자신을 드러내지 않으려고 안간힘을 썼던 장면을 기억할 것이다. 볼테르는 이 에피소드에서 독자들이 캉디드의 행동에 박수를 보낼 것으로 기대했다.

또 주목할 만한 것은 "죽음에 관한 에세이"(1753-56)이다. 집필시간을 고려할 때 상당히 성공적이었던 이 작품은 보편적 역사를 쓰려는 시도였다. 예를 들어 에세이에는 아메리카의 프랑스 식민지, 남미의 예수회 수사들, 재침례교도들, 붙잡힌 기독교인들에 대한 무어족의 취급과 이에 상당하는 소재가 포함되어 있다.

〈캉디드〉에 앞서 집필한 볼테르 자신의 철학 이야기들도 무시할 수 없다. 특히 〈스카멘타도 항해의 역사〉가 꼽힌다. 이 짧은 산문 설화는 볼테르의 걸작에서 예상 가능한 몇 가지 의미심장한 요소들이 있다. 이 작품은 또한 저자의 소설 대부분에 특유한 모험과 실망이라는 빠른 여정을 그 뼈대로 한다. 주인공은 캉디드가 갔던 나라들 중 많은 곳, 즉 프랑스, 영국, 스페인, 네덜란드, 터키, 북아프리카를 방문했다. 더욱이 어떤 줄거리 요소들은 〈캉디드〉와 흡사하다. 스카멘타도를 포함한 그녀의 세 남성 구애자들은 퀴네공드와 세 구애자인 캉디드, 종교재판소 판사, 돈 이사카르를 암시한다. 캉디드가 빙 제독의 처형을 목격했듯이 스카멘타도 역시 처형을 목격했다. 끝으로 두 주인공들은 해적들을 경험했고 종교재판에 연루되었다. 볼테르의 마음에 진정한 연관성이 있음을 보여주기에 충분할 정도로 두 작품 사이의 유사점은 매우 많고 명확하다.

구조와 문체

〈캉디드〉에서 볼테르가 사용한 이야기 기법은 기원전 2세기에 처음 수집된 애욕을 다룬 고대 밀레토스의 짧은 이야기들까지 거슬러 올라간다. 이 이야기들은 아풀리에우스의 〈황금 당나귀 Golden Ass〉와 페트로니우스의 〈사티리콘 Satyricon〉 같은 데카당 라틴어 작품들의 원천이 되었는데, 볼테르는 이 소설들을 소장하고 있었다. 관련 작품들에는 후기 그리스 연애소설들이 포함되어 있다. 이 작품들은 가족과 연인들의 이별과 관련한 신파조의 사건들, 난파, 기적에 가까운 재회와 발견, 목가적인 사랑, 그리고 이미 언급한 영웅적-호남아적 연애담들로 채워져 있었다. 그러나 기본적으로 〈캉디드〉는 모험 이야기 구조다. 저자가 할일은 주인공이나 등장인물들에게 자극적인 사건을 제공하고, 이어서 그(그들)를 모험의 길로 출발시키는 것이다. 바로 이것이 〈캉디드〉에서 일어났다. 구조에 관한 한, 관련 작품들은 동양의 이야기, 특히 〈아라비안나이트〉와 중세의 여우 르나르 이야기들이 있으며, 이는 독일을 비롯하여 유럽을 휩쓸었다. 그러나 주인공이 이곳 저곳을 여행하면서 놀라운 모험을 하게 되는 이야기 유형(이는 본래 스페인에서 번성했다가 곧 프랑스와 유럽 전역에서 인기를 얻었음)을 촉진한 것으로 널리 인정되는 작품은 16세기의 〈아마디스 데 가울라 *Amadis de Gaula*〉였다. 〈돈키호테〉(1605, 1615)는 이러한 전통을 이은 걸작으로 인정된다.

독자는 〈캉디드〉에서 주인공이 유토피아, 즉 툰더 텐트롱크 남작의 성에서 사는 것을 알게 된다. 볼테르는 이어서 기본적인 문제를 제기했다. 즉 이것이 과연 순진한 주인공이 굳게 믿었던 있을 수 있는 모든 세계에서 최선의 세계인 것인가? 이 질문에 답하기 위해 자극적인 사건이 제시된다. 베스트팔렌의 낙원에서 캉디드가 추방되는 결과를 가져온 퀴네공드와의 색욕적인 유희가 그것이다. 뒤이어 주인공이 잇따라 여러 경험을 하면서 희망과 절망 사이의 갈등이 이어진다. 그리고 캉디드의 각각의 경험은 독자들에게는 낙관주의의 배격으로 여겨진다. 불가리아 병사들에게 당한 잔인한 취급, 전쟁의 참화, 폭풍우와 지진, 팡글로스 박사의 교수형 목격과 죽기 직전까지의 태형, 유대인과 종교재판소 판사의 살해, 퀴네공드의 오빠를 찌른 것, 엘도라도의 부를 대부분 잃은 것, 파리 사회의 탐욕 등이 입증 사례다. 게다가 주제 일탈이라는 수단 — 이 기법을 이용하면 매번 낙관주의에 불리한 증거가 쌓이게 되므로 타당성은 충분하다 — 을 통해 캉디드는 노파의 무서운 고통 이야기와 파케트와 지로플레 수사의 낙심천만한 경험을 들었다. 하지만 마르탱의 등장 이후(19장이 되어서야)에도 캉디드는 특히 팡글로스가 병에 찌든 비참한 걸인으로 다시 나타났을 때 그의 가르침에 의문을 품기 시작했지만 결코 전적으로 희망을 버리지는 않았다. 그러므로 계속되는 모험은 젊은 캉디드의 교육 단계였다. 그는 배움이 더뎠기 때문에 모험은 길 수밖에 없었고, 각 모험은 소설이 끝날 때까지 자체의 기복을 보이다가 종국에 가서 가장 큰 절정을 제시한다. 바로 그때까지 낭만적인 캉디드는 계속 희망을 품고 있었다. 즉 자기는 언제든 빼어난 미모의 퀴네공드와 재회를 할 수 있다고. 그러나 그토록 기다리던 일이 드디어 실현되었을 때 그는 애인이 아름다움을 모두 상실했음을 발견한다. 게다가 부부로 함께 살면서 그녀는 점점 더 심술궂은 여인이 되어갔다. 이것이 있을 수 있는 모든 세계에서 최선의 세계란 말인가? 그가 지녔던 마지막 희망도 무너졌다. 그에게는 오로지 일종의 금욕적인 후퇴를 택하는 일만 남았다. 따라서 이제부터는 자신의 정원, 자신의 작은 땅뙈기를 가꾸는 일을 하리라.

그 구조는 단순하고 명백하기까지 하면서 볼테르의 목적에는 정확히 부합했다. 캉디드의 경험과 장황하게 기록된 다른 인물들의 경험은 라이프니츠, 볼프, 알렉산더 포프의 피상적인 결론들에 귀류법(歸謬法)을 제시한다. 볼테르가 볼 때 이승은 있을 수 있는 세계 중 최선의 세계이기는커녕 눈물의

골짜기이며 악이 넘쳐흐르는 곳이다. 또한 신의 뜻에 따라 악은 궁극적으로는 선에 도움이 된다고 말함으로써 악의 존재를 변명할 수는 없는 것이다. 캉디드가 행복을 얻음과 거의 동시에 티끌만큼의 행복까지도 되풀이해서 잃어버린 것은 볼테르가 작품의 구성에서 누적적인 방식을 이야기 전개 형식으로 쓴 사실을 가리킨다.

그의 문체 가운데 정밀성, 명료성, 신속성이 주목받을 만한 그첫 요소들이라고 한다면 이에 못지않게 풍자와 빈정거림도 중요하다.

남작은 베스트팔렌에서 가장 강력한 영주 중 한 사람이었다. 왜냐하면 그의 성에는 문과 창문이 있었기 때문이었다. 홀은 비단 무늬로 장식까지 했다. 남작의 마구에 있는 개들은 필요하면 사냥개 떼가 되었고, 조련사들은 그의 사냥꾼이었으며, 마을의 신부는 그의 지도 신부였다. 그들은 모두 그를 '각하'라고 불렀고 그가 이야기를 하면 웃었다.

볼테르는 진부한 이야기라는 장치를 이용했다. 그것은 마치 '옛날 옛적에'로 시작하는 민간전승 이야기나 동화와 같다. 이는 예술을 감추는 기교다. 그러나 단조로움과 그에 따르는 지나친 술어적 서술을 피하기 위해 수식어적인 요소들을 많이 덧붙였다. 그는 문장들을 길게 늘릴 수도 있었는데, 그렇다고 해서 이야기(다음은 어떤 일이 일어날까?)가 그 의미보다 더 중요해지지는 않았다. 예를 들어 22장의 마지막 단락을 보자. 파리에서의 경험에 환멸을 느낀 캉디드가 자신의 석방을 위해 경찰들을 매수한 후 떠날 채비를 차리고 있었다.

"난 당신을 남노르망디로만 데려다 줄 수 있소"라고 헌병이 말했다. 헌병은 즉시 수갑을 풀고 부하들을 보내 캉디드와 마르탱을 디에프로 데려가게 했으며, 거기서 그를 자기 동생의 수중으로 넘겼다. 항구에는 조그만 네덜란드 배가 있었다. 다이아몬드 세 개로 가장 친절한 사람이 된 그 노르망디인은 캉디드 일행을 자기 배에 태웠고, 배는 영국의 포츠머스로 출항하기 직전이었다. 그곳은 베니스로 가는 길은 아니었지만 캉디드는 자신이 지옥에서 구출되었다고 생각했고 기회가 오는 대로 베니스를 향한 여정을 재개할 것으로 기대했다.

볼테르는 맺는말을 나타내는 매우 효과적인 방법도 발견했다. 불가리아 병사들이 들이닥쳤을 때 성에서 일어났던 일에 대한 팡글로스 박사의 이야기를 상기해 보자. 특히 그의 마지막 발언에 주목하자. 캉디드는 퀴네공드가 죽었다는 얘기를 막 들었고 자신이 그 아름다운 성에서 쫓겨난 결과로 그녀가 죽은 것인지 물었다.

"아냐"라고 팡글로스는 말했다. 처절하게 성폭행을 당한 후 불가리아 병사들에게 배가 갈렸지. 그들은 남작이 그녀를 지키려고 하자 그의 머리를 박살냈고 남작 부인은 난도질당했으며 나의 가엾은 제자도 여동생과 아주 똑같은 취급을 받았던 거야. 남작의 성에는 우뚝 선 돌은 하나도 남지 않았고, 단 하나의 헛간, 단 한 마리의 양, 오리, 그리고 단 한 그루의 나무도 남지 않았어. 하지만 우리는 보기 좋게 보복을 했어. 왜냐하면 아바르족들이 불가리아 군주 소유인 인근 저택에 동일한 피해를 주었기 때문이지.

현명한 반복은 문체를 형성하는 또 다른 장치다. 볼테르는 반복의 대가다. "모든 게 잘 되어 있다"는 말은 작품 전체를 관류하는 후렴이다. 그러나 다른 예들도 많다. 종종 '왜냐하면'이라는 단어의 반복은 이른바 라이프니츠 철학의 논리에 대한 조소를 부추기는 수단의 역할을 했다. 리스본의 폭풍과 지진 참화가 있은 후 팡글로스는 그렇게 될 수밖에 없을 것이라고 동료들을 안심시킴으로써 낙관주의를 정당화하려고 시도했다.

"왜냐하면 세상 모든 일은 최선으로 이루어져 있기 때문이다. 왜냐하면 만약 리스본에 화산이 있다면 이곳 말고 다른 곳에는 있을 수 없을 것이기 때문이다. 왜냐하면 사물이란 제 위치가 아닌 다른 곳에 있기는 불가능하기 때문이다. 왜냐하면 모든 것이 다 잘 되어 있기 때문이다."

볼테르가 대화를 능숙하게 다루었다는 점 또한 주목할 일이다.

〈캉디드〉의 풍자와 반어법

대체로 〈캉디드〉로 인해 볼테르는 문학사상 가장 위대한 풍자가들 중의 한 사람으로서 조너선 스위프트에 버금간다. 풍자는 인간과 제도 개선을 가능케 하는 특수한 문학적 방식이라고 정의할 수 있다. 풍자가는 비판적 태도를 취하고 보통 그의 소재에 기지와 해학을 부여한다. 인간이 만든 제도의 중대한 한계점들을 알고 있는 그는 웃음을 통해 그것들의 파괴보다는 개조를 꾀할 수도 있다. 볼테르는 바로 이 같은 풍자가로 인식될 수 있으며, 인간 행위와 제도에 대해 매우 철저한 개조를 꾀한 것이다.

기본적으로 풍자에는 두 종류가 있다. 하나는 온화하고, 세련되고, 선의를 지니고, 관용적이고, 동정적인 웃음으로써 바로잡기를 목적으로 하는 호라티우스의 전통을 따르는 것이다. 다른 하나는 쥬베날의 풍자인데, 신랄하고, 독설적이고, 조소하며, 인간과 제도의 부패와 악에 대한 도덕적 분개로 가득 차 있다. 달리 표현하면 호라티우스의 풍자는 어리석음을 조롱하고, 쥬베날의 풍자는 범죄나 적어도 반사회적으로 여겨지는 죄를 공격한다. 후자의 풍자 유형이 웃음을 자아낸다고 한다면 그것은 명백히 경멸적인 웃음이다. 이 두 가지 풍자 유형은 〈캉디드〉에서 발견된다. 그리고 의미 있는 것은 볼테르가 매우 자극을 받았을 때도 종종 가볍고 유쾌한 어조를 띠는데, 이는 〈캉디드〉를 주인공의 과장된 모험담으로만 받아들이는 상상력이 결핍된 독자들에게는 기만적이다. 왜냐하면 풍자가로서 볼테르의 주요 장치는 반어기법이며, 이것을 발언뿐만 아니라 사건, 상황, 구조에도 적용하고 있기 때문이다.

반어는 수사학적 장치로서 작가나 연사의 실제 의도가 반대의 뜻으로 표현된다. 볼테르의 작품에서와 같이 반어법은 냉혹한 유머가 특징이다. 대개 작가는 비난을 암시하기 위해 찬사의 말을 쓰고 찬사를 암시하기 위해 비난의 말을 쓰는데, 전자의 방식이 더 흔하다. 문학적 장치로 반어법은 효과적이다. 표현의 신중을 요하기 때문이다. 반어에 의존하는 풍자가들은 결코 매도나 빈정거림으로 전락하지 않으면서 독자가 핵심을 파악하기를 기대한다.

볼테르의 풍자 대상은 많지만 확실히 중요도에서 첫째는 철학적 낙관주의다. 다른 것들에는 종교, 왕과 국가, 전쟁, 탐욕, 사회적 자긍심, 그리고 어리석음이 포함된다. 자연 질서에서 질병, 대홍수, 기형들이 공격받는 것처럼 도덕적 질서에서는 사기, 가짜, 매춘, 그리고 인간의 인간에 대한 모든 중대하고 사소한 잔학 행위들이 공격 대상이 된다. 이 목적을 위해 볼테르는 특히 과장법에 의존했다. 그밖에 대조적인 줄잡아 말하기 장치를 썼는데, 종종 곡언법(曲言法)의 형태였다. 이는 반어적인 표현에서 흔히 쓰는 장치로서 어떤 사물을 긍정할 경우에 그 부정어의 부정어를 사용함으로써 긍정을 만드는 것을 가리킨다. 이와 관련된 것은 완곡어법으로, 간접적 표현이 직접 표현을 대체하는 비유적 표현이다. 완곡한 말은 많은 작가들이 무뚝뚝함이나 무례함을 피하기 위해 사용했지만 이런 표현은 불성실하고 감상적인 경향을 드러낸다. 알게 되겠지만 볼테르는 불의, 범죄와 어리석음에 대한 풍자를 진전시키기 위해 완곡한 표현들을 훌륭한 희극적 효과를 내면서 반어적으로 사용했다.

거듭 말하지만 볼테르가 〈캉디드〉를 집필한 주요 목적은 낙관주의 이론을 뒤엎는 것이었고, 이 목적에 가장 도움을 준 것이 과장법이었다. 캉디드는 남작의 성에 있던 모두에게 '있을 수 있는 세계에서 최선의 세계'였던 곳에서 추방되었다. 불가리아인 대 아바르족 전투의 살육, 폭풍우와 지진, 퀴네공드의 외견상의 죽음과 그녀의 부모들의 실제 죽음, 종교재판소에서의 경험, 기타 두드러진 사건들이 과장된 말로 묘사된다.

최상급은 처음부터 두드러진다. 툰더 텐 트롱크 성의 생활은 이상향, 즉 흠잡을 데 없이 행복한 생활이다. 그곳은 '매우 아름다운 성'이다. 캉디드는 매우 건전한 판단력과 아주 소박한 마음을 갖춘 '가장 점잖은 인물'로 소개된다. 남작은 베스트팔렌에서 위대하고 강력한 영주다. 남작부인은 '있을 수 있는' 남작부인들 중에서 최고다. 퀴네공드는 완벽한 미인이다. 팡글로스는 현인, 즉 그 영역에서 가장 현명한 철학자로서 묘사된다. 이미 불합리가 불합리를 반대한다. 독자는 볼테르가 그 장의 마지막 문장에서 말한 것처럼 있을 수 있는 모든 성 중에서 가장 아름답고 마음에 드는 이 성이 문과 창문이 하나에다 벽걸이 자수도 하나밖에 없어서 거칠기 짝이 없다는 것을 안다. 남작부인은 비만이고, 남작도 소박한 인물임이 분명하다. 그러나 이런 모든 과장과 최상급은 독자들로 하여금 이후에 계속될 비참한 사건들에 대비하도록 해준다. 이와 유사하게 상상의 땅 엘도라도의 이야기와, 넓은 정원과 멋진 비품들을 갖춘 돈 이사카르의 숲 속 저택을 묘사하면서 다시금 불행의 서곡으로서 과장법을 사용했다.

　볼테르는 낙관주의를 반대하기 위해 다양한 형식을 사용했다. '있을 수 있는 세계에서 최선의 세계'란 표현은 되풀이해서 나오지만 결국은 풍자적이고 반어적인 신랄함으로 반박된다. 이러한 형식들 중 하나에는 줄잡아 말하기가 포함된다. 캉디드는 이런 표현의 대가인데 의도적으로 쓴 것은 아니다. 종종 무서운 위험과 고통을 겪은 후, 그의 직접적인 반응은 팡글로스 박사가 아마도 ─ 그저 아마도 ─ 자신의 철학에 의문을 갖기 시작하리라는 것이다. 노파의 이야기를 끔찍하게 세세한 데까지 들은 후 그는 말한다. "현명한 팡글로스가 관례와는 정반대로 종교재판소의 판결로 교수형에 처해진 것은 매우 유감스러운 일이다. 그는 이 세상을 뒤덮고 있는 물리적, 도덕적 악에 대해 우리에게 훌륭한 담론을 해주었을 것이고, 나는 용기를 내서 몇 가지 공손한 반대를 제기할 만큼 강한 마음을 가졌을 텐데." 또한 오레용족이 그를 예수회 수사라고 믿고 불에 굽거나 삶아 먹으려고 한다는 것을 알았을 때 보인 즉각적인 반응을 기억해 보자. "모든 게 다 잘 되어 있으니까 나는 여기에 대해 다투지 않겠어. 하지만 퀴네공드를 잃고 나마저 오레용족에게 꼬치구이 신세가 되는 게 너무 잔인한 운명이라는 걸 인정하지 않을 수 없군." 스페인 마을의 여관에서 노파는 프란치스코 신부가 퀴네공드의 돈과 보석들을 훔친 게 분명하다고 했다. 그러자 캉디드는 그가 그들이 여행을 마칠 수 있는 돈은 남겨두었어야 했다고 말했다. 파리에서 카드 게임을 할 때 캉디드가 돈을 잃은 이야기를 할 때도 반어적인 줄잡아 말하기를 발견할 수 있다. 그는 결코 으뜸패를 쥐어본 적이 없어 당혹했지만 마르탱은 놀라지 않았다고 볼테르는 썼다. 종종 이러한 명쾌한 말을 통해 볼테르는 재치 있게 줄잡아 말하기를 썼다.

볼테르는 자연스럽게 완곡어법을 쓰는 경향이 있었고, 이러한 수사학적 장치의 예는 〈캉디드〉에 풍부하다. 팡글로스 박사가 거악(巨惡)도 선을 가져온다는 점을 증명하려고 낙관주의의 상투어를 말했을 때 불가피하게 완곡한 표현을 한 것이었다. 교회와 국가에 관한 문제에서도 완곡적인 상투어들 또한 볼테르의 목적에 부합했다. 예를 들어, 종교재판소에 관한 이야기는 그에게 풍자적이고 완곡한 논평을 할 수 있는 좋은 기회가 되었다. 검은 피부색의 종교재판관이 5장 말미에서 팡글로스의 견해를 조사할 때 거의 예의바르게 공손한 표현을 쓴 점을 기억하면 될 것이다. 팡글로스와 캉디드의 곤경은 6장에서 이에 못지않게 예의바르게 묘사되었다.

그들은 분리되었고 각자 햇빛이라곤 들어오지 않는 아주 추운 독방에 감금되었다. 일주일 후에는 수의가 입혀지고 머리에는 종이로 만든 주교관이 씌워졌다… 이런 모습으로 그들은 일렬로 걸어갔고, 매우 감동적인 설교를 듣고, 이어서 아름다운 다음(多音)의 음악을 들었다. 캉디드는 노래에 맞춰 매를 맞았고 돼지고기 먹기를 거부한 비스카야인과 두 사람은 화형, 팡글로스는 비록 관례가 아니었지만 교수형에 처해졌다.

이 장면의 부조화는 묘사에 쓰인 격식 차린 완곡어에 의해 두드러지며 종교재판소의 구경꾼이었던 퀴네공드의 경험 역시 마찬가지다. 미사에서 퀴네공드를 보고 불순한 정염이 타올랐던 종교재판소 판사는 그녀에게 '관람객으로 초대되는 영예'를 주었고, 그녀는 아주 좋은 자리를 차지했으며, 미

사와 처형식 막간에 여성들에게 제공되는 다과를 즐겼다. 이
는 마치 그녀가 사교계의 한 행사에 참석하는 것 같지 않은가!

카캉보가 파라과이의 예수회 수사 정부에 대해 열렬히
찬사를 늘어놓는 것도 또 다른 예가 된다.

"그들의 정부는 멋져요. 그 왕국은 이미 동서로 폭이 750마일
이 넘고, 30개 지방으로 나뉘어져 있어요. 신부들은 없는 게 없지만
백성들은 아무것도 가진 게 없죠. 이성과 정의의 걸작품이에요. 나는
이 신부들처럼 성스러운 사람은 보지 못했어요."

2장에서 불가리아 병사들과 아바르인들이 벌이는 싸움
은 볼테르에게 아주 좋은 풍자의 기회를 주었고, 완곡어법을
최대한 이용했다. 캉디드를 '가장 매력적인 왕'의 군대의 장교
로 뽑은 후, 모병 담당 부사관 중 한 사람은 이렇게 말한다. "귀
관은 이제 불가리아의 간성, 옹호자, 방어자이자 영웅이오. 운
명은 결정되었고 영예도 보장된 것이오." 이처럼 과장된 표현
을 한 직후 캉디드를 족쇄에 채워 연대로 압송한다. 이 삽화
전편을 통해서 현실과는 반대되는 완곡어법이 그득하다. 3장
에서 독자는 화려한 제복, 요란한 음악 이야기를 읽으면서 전
쟁이 낳는 암울한 사실을 알게 된다.

양측 군대처럼 멋지고, 찬란하고, 빈틈없고, 정연한 것은 없

었을 것이다. 트럼펫, 목관 악기 오보에, 북, 대포는 조화를 이루었으며, 여기에 필적하는 것이라곤 지옥에서도 결코 들어볼 수 없었다. 먼저 대포 사격으로 양측이 각각 약 6천 명의 병사를 잃었으며 소총 사격으로 지구 표면에 들끓는 9천 혹은 1만 명의 불한당들이 최선의 세계에서 제거되었다.

무서운 살육이 지나간 후 각 진영에서는 테데움 성가가 울려 퍼졌다. 재산은 조심스럽게 지켜졌다. 따라서 이 장면은 볼테르의 '영예로운 전쟁관'을 엿볼 수 있는 대목이다.

이밖에 한 가지 다른 흥미롭고 효과적인 완곡어법 사용례가 주목할 만하다. 1장에서 아름답고 순진한 퀴네공드는 팡글로스와 파케트가 매우 노골적으로 사랑을 나누는 광경을 목격했다. 볼테르는 직언을 피하려고 노력했고 성공적이었다.

어느 날 퀴네공드는 '공원'으로 알려진 작은 숲 속에 있는 성 부근을 걷다가 팡글로스 박사가 덤불 속에서 매우 예쁘고 온순한 작은 갈색 피부의 자기 어머니 시녀에게 실험물리학 강의를 하는 것을 목격했다. 퀴네공드 공주는 과학에 관심이 깊었기 때문에 숨을 죽이고 눈앞에서 벌어지고 있는 반복적인 실험을 지켜보았다. 그녀는 박사가 내세우는 충분한 이유와 인과관계의 작용을 분명히 보았다.

과장법, 줄잡아 말하기, 그리고 완곡어법은 분명 풍자화와 희문에 도움을 준다. 1장의 인물 설정에서는 남작과 남작 부인에 대한 풍자는 아주 짧더라도 명백하다. 처음과 마지막의 팡글로스 박사는 주목할 만한 풍자이며, 예수회 남작도 그의 지치지 않는 헌신에 대한 단언과 그 다음의 완전한 전환에 의해 그렇다고 할 수 있다. 길고 긴 이름에 참을 수 없을 정도로 거만한 부에노스아이레스 총독은 또 다른 예다. 순진함과 독단론을 대비하는 1장 전체의 수축효과는 희문이다. 캉디드가 성에서 추방당하는 거짓 비극이 특히 그렇다.

Review

이 부분은 원작에 대한 이해력을 테스트하는 난입니다. 이 부분을 끝내면 〈캉디드〉에 대한 의미 있는 파악이 가능해질 것입니다.

다음 질문에 대해 간단히 답하시오.

1. 〈캉디드〉에서 세 가지 놀라운 발견은 무엇인가? 이러한 발견에 관해서 볼테르의 이야기는 어떤 대중소설과 유사점이 있는가?

2. 종교에 대한 볼테르의 공격이 기독교나 가톨릭에 국한되지 않았다는 증거는 어떠한 것이 있는가?

3. 〈캉디드〉에서 개인적 풍자의 주요 요소들에는 어떤 것들이 있나?

4. 포츠담에서의 볼테르의 경험을 나타내는 에피소드들은 어떤 것인가?

5. 때때로 캉디드는 어느 정도로 볼테르 자신과 동일화될 수 있는가?

6. 볼테르는 다른 어떤 인물들과 동일화되었는가? 그 이유는?

7. 과장의 세 가지 주목할 예, 즉 설정, 성격, 행동의 과장 예는 무엇인가?

8. 볼테르는 조롱자, 냉소자로 비난받은 적이 있다. 그가 인류에 대한 믿음을 포기하지 않았다는 증거가 있는가?

9. 〈캉디드〉는 어떤 문학관으로 볼 수 있는가?

10. 종교재판소에 대한 저자의 이야기에서 주로 무엇이 반어적이라고 보는가?

11. 〈캉디드〉에서 마르탱의 기능은 무엇이라고 생각하는가?

12. 종교에 대한 볼테르의 가차 없는 공격에 비춰볼 때 그 자신은 무엇을 믿었는가?

13. 낙관주의, 종교, 전쟁은 볼테르의 풍자의 주요 대상이다. 사회적인 측면에서 그가 풍자한 것들에는 무엇이 있는가?

14. 볼테르의 해학적 재능은 널리 인정되고 있다. 이런 재능을 특히 예증하는 세 가지 에피소드는 무엇인가?

15. 주제에서 일탈한 노파의 이야기는 구조상으로 어떻게 정당화될 수 있는가?

16. 볼테르의 문체의 주요 특징들은 무엇인가?

17. 〈캉디드〉에서 풍자문의 두 가지 예는 무엇인가? 희문의 예는?

18. 엘도라도 이야기는 저자의 낙관주의에 대한 공격에 어떤 특별한 방식으로 기여하는가?

19. 〈캉디드〉에서 완곡어법이라는 수사학적 장치가 차지하는 위치는 무엇인지 설명하라.

20. 〈캉디드〉를 이해하는 데 핵심적인 다음 두 인용문에 대해 논술하라.

   (1) 모든 것은 최선으로 되어 있다 ─ 있을 수 있는 모든 세계 중 최선의 세계에서.

   (2) 우리는 우리의 정원을 가꿔야만 한다.

一以貫之

논술노트

"당신은 지금 당신의 밭을 가꾸고 있는가?" ●

실전 연습문제 ●

一以貫之는 '논어'에 나오는 말로 '모든 것을 하나의 이치로 꿴다'는 뜻입니다.

논술의 주제와 문제 유형, 제시문들은 참으로 다양하고 가지각색입니다. 그러나 그 모든 것을 하나로 꿸 수 있습니다. '인간사회의 보편적 문제들에 대한 근원적인 물음에 답하는 자기 나름의 견해'라는 것이지요. 논술은 인간이면 누구나 부닥치는 개인적 또는 사회적 문제들에 대한 자기 나름의 고민이자 성찰입니다. 논술은 자기견해, 자기 가치관, 자기 삶에 대한 솔직한 고백입니다.

一以貫之 논술연구모임은 '자신의 물음'과 '자신의 생각'을 갖고 '자신의 글'을 쓸 수 있도록 도와줍니다.

"당신은 지금 당신의 밭을 가꾸고 있는가?"

세상을 낙관적으로 본다는 것, 그것은 삶의 의미와 가치를 발견하고 그 속에서 새로운 내일을 꿈꾼다는 점에서 본다면 분명 바람직한 일이다. 그러나 이는 낙관주의가 새로운 삶에 대한 대안과 아울러 기존의 삶에 대한 진지한 반성과 실천을 동반할 때일 것이다. 아무런 이유나 전망 없는 낙관주의는 세상의 온갖 불합리함에 단순히 눈감는 행위에 불과하다. 이러한 낙관주의를 지향하는 사람들은 스스로의 사고로 세상을 들여다보지 못하고 남의 말에 따라 세상을 바라보기 쉽다. 그런 점에서 이들을 우리는 순진하다고 하지, 순수하다고는 하지 않을 것이다. 〈캉디드〉의 주인공 캉디드가 바로 그런 사람이다. 우리는 이 작품 속에서 캉디드의 여행기를 따라가며 작가가 비판하고자 하는 낙관주의가 어떠한 것인지, 그리고 캉디드가 도달한 결론은 무엇인지 살펴볼 수 있을 것이다.

극단적인 맹신에 대한 비판

〈캉디드〉에서 우리는 원조 낙관주의자 팡글로스를 눈여겨보게 된다. 그가 바로 캉디드가 그렇게 신봉하는 스승이기 때문이다. 그러나 볼테르가 비판하는 것은 낙관주의의 극단성에 한정되지 않는다. 그에 못지않게 그 반대의 극단적인 비판주의 역시 비판의 대상이다. 이 양자는 성격이 다른 것 같지만 둘 다 극단적인 맹신 속에 머물러 있다는 점에서 공통점을 갖고 있다. 극단의 낙관주의자는 무슨 일이 있어도 세상은 최선을 향해 갈 것이라고 믿는다면, 극단의 비관주의자는 어떤 경우라도 세상은 최악을 향해 갈 것이라고 믿는다. 이들 모두가 구체적인 행위의 반성과 삶의 개선과는 거리가 먼 사람들이다. 이처럼 맹신은 사람들의 눈을 가려 구체적인 삶의 모습을 바라보지 못하게 한다. 이를 구체적인 장면을 통해서 살펴보자.

● **극단의 낙관주의자 팡글로스의 경우**

갑자기 떨어진 돌무더기에 캉디드가 다쳤다. 그는 길에 쓰러져 폐허의 잔해 속에 파묻혔다. 그가 팡글로스에게 말했다.

"아! 제게 포도주와 기름 좀 구해다주세요. 죽을 것 같아요."

"이번 지진은 전혀 새로운 것이 아니라네. 작년에 아메리카 대륙에서 리마 시도 이와 같은 지진을 겪었지. 똑같은 원인에는 똑같은 결과가 따르는 법이니까. 틀림없이 리마에서 리스본까지 지하에 유황길이 뻗어 있을 거야." 팡글로스가 말했다.

"참 그럴 듯한 생각이군요. 그런데 제발 포도주와 기름 조금만 갖다주세요." 캉디드가 말했다.

"그럴 듯하다고? 이미 입증된 사실이라니까." 철학자가 대꾸했다.

마침내 캉디드가 의식을 잃자 팡글로스가 근처의 샘에서 물을 조금 가져다 주었다. (5장)

볼테르는 여기서 철학자에 대해 신랄하게 풍자하고 있다. 죽어가는 사람 앞에서 이론만 내세우는 지식인의 모습이 우스꽝스럽게 그려지고 있다. 모든 현상을 일정한 인과율로 설명하는 논리는 현실의 구체적인 맥락 속에 들어오면 무너지기 쉽다. 지진과 같은 자연현상도 복잡한 요인과 변수로 인해 모든 인과의 법칙을 알기 어려운데, 게다가 이를 인간만사와 동일시하기까지 했으니 오죽하겠는가? 그럼 이렇게까지 낙관적으로 세상을 그릴 수 있는 근거는 무엇일까? 이는 이론의 완전성을 삶의 구체성보다 우위에 두기 때문이다. 마치 우리의 삶이란 이미 설정해 놓은 이론을 확인해 가기 위해 존재하는 자료인 것처럼. 우리는 이러한 지식인의 모습을 우리 주위에서도 확인한다. 어떤 통계를 제시하고 그에 따라 모든 걸 설명하려는 이들을 우리는 매스컴을 통해 보게 된다. 수학적인 도표와 그래프 앞에 순진한 서민들은 그냥 고개를 끄덕이고 말 뿐이다. 국가경쟁력이란 목표와 갖가지 수치들. 그리고 국민총생산량 등의 온갖 경제 지표를 보고 우리는 우리의 삶의 행복이나 만족도를 확인하곤 한다. 그러나 돌아서서 생각해 보면 여전히 남는 의문들은 왜일까? 우리는 구체적인 삶의 만족과 유리된 지표들 속에서 마냥 행복해 할 만큼 그렇게 순진하지도 않고, 상황이 또 그렇게 낙관적이지도 않기 때문이다.

"이 모든 것이 최선의 상태이기 때문에 일어난 일입니다. 왜냐하면 리스본에 있는 화산은 다른 곳에는 있을 수 없기 때문입니다. 왜냐하면 사물은 현재 있는 곳에 있지 않을 수 없기 때문입니다. 왜냐하면 모든 것이 잘 되어 있기 때문입니다." (5장)

어떠한 인간의 타락과 저주에도 불구하고 모든 것은 필연적으로 최선의 상태에 놓여 있다? 이것이 낙관주의자 팡글로스가 세상을 바라보는 방식이다. 모든 것이 최선으로 되어 있다는 극단적인 낙관주의의 입장에서라면 당장 눈앞에 보이는 인간의 죄악이나 고통도 결과적으로는 최선의 세계를 구성하는 한 부분에 불과할 뿐이다. 팡글로스의 논리에서는 자기의 행위를 스스로 선택하고 책임지는 자율적 존재로서의 인간의 모습은 찾을 수 없다. 그에게는 인간의 자유 역시 스스로 선택하는 것이 아닌 필연적으로 주어지는 것이다. 그러나 소설 속에서 그가 말을 자유롭게 한 결과는? 죽음일 뿐이다. 그는 이 역시 필연적인 최선의 상태라고 우길 것이다. 그것이 개인의 신앙 차원에 머무른다면 괜찮을지 모른다. 그러나 그러한 사고를 남들에게도 강요할 때 문제가 된다. 그의 제자 캉디드 같이 순진한 이들은 세상의 모든 부조리를 그냥 보고서 체념한 채 살 수 있기 때문이다. 마치 까뮈의 소설 〈페스트〉에 나오는 파늘루 신부가 그랬던 것처럼 페스트와 같은 재난의 현실에서 구체적 해답을 회피하고 초월적 구원의 손길을 기다리는 꼴이다. 그럼 그 정반대의 경우는 어떤가?

● 극단의 비관주의자 마르탱의 경우

"그렇다면 이 세상은 무슨 목적으로 만들어졌을까요?"

"우리를 괴롭히려고요."

"오레용족의 두 여인이 두 마리의 원숭이를 사랑한 이야기, 내가 들려준 그 얘기는 놀랍지 않습니까?"

캉디드가 계속 물었다.

"전혀 안 놀라운데요. 원숭이에 대한 열정이 뭐가 이상한지 모르 겠군요. 나는 기이한 일들을 하도 많이 보아서 그런지 이제 도통 신기한 게 없어요." 마르탱이 대답했다.

캉디드가 다시 물었다.

"지금 곳곳에서 그러하듯이, 인간이 예전부터 늘 학살을 되풀이해 왔다고 생각하십니까? 인간은 언제나 거짓말쟁이에 사기꾼, 배신자, 은혜를 모르는 자, 날강도, 허약자, 변덕쟁이, 비겁자, 욕심덩어리, 걸신, 주정뱅이, 수전노, 야심가, 학살자, 모략가, 난봉꾼, 광신자, 위선자에다 바보였다고 생각한단 말입니까?"

마르탱이 물었다.

"그렇다면 당신은, 예나 지금이나 매가 비둘기를 보면 으레 잡아먹는다는 사실은 믿습니까?"

"예, 물론이지요." 캉디드가 대답했다.

"그런데 매의 성질이 늘 다름없다는 사실은 인정하면서, 인간의 본성이 바뀌기를 바라는 이유는 뭡니까?" 마르탱이 물었다.

"오! 그건 다르지요. 왜냐하면 인간의 자유의지란……"

이렇게 토론하면서 그들은 보르도에 도착했다. (21장)

팡글로스와는 정반대로 극단의 비관주의자 마르탱은 세상의 모든 일을 부정적으로 바라본다. 캉디드에게 다가오는 세상의 모든 신기한 일도, 그에게는 시시할 뿐이다. 세상의 존재 목적이 인간의 고통을 동반한다는 근원적인 비관과 체념에서라면 사람들은 세상을 부정적인 시각으로 바라보기 쉽게 된다. 이는 고통을 삶의 근원적인 조건으로 긍정하지 못한 결과다. <u>고통을, 운명을 자기 삶의 동반자로서 인정할 때, 우리는 세상을 새로운 눈으로 바라볼 수 있게 된다.</u> 그 결과 더욱 성숙한 인간으로 타인의 고통에 참여해 나눌 수 있게 될 것이다. 그러나 마르탱의 경우, 이러한 고통과 삶의 부조리를 부정한 결과 팡글로스와 정반대의 지점에서 세상을 바라보지만 삶에 적극적으로 참여할 의지가 결여되어 있긴 마찬가지다. 또한 그 역시 인간과 다른 자연현상을 외적 특성만 보고 단순 동일시한다는 점에서 팡글로스와 같다. 매의 성질과 인간의 본성이 동일하다고 보는 것이 그러하다. 약자를 잡아먹는 약육강식의 정글의 법칙은 인간에게도 예외가 아니라는 발상은 일면 진리지만, 이러한 논리를 절대화할 때 인간의 자유의지와 행위가 설 자리는 찾을 수 없고, 인간은 단지 방관자의 자리에 머무르게 된다. 그러나 〈캉디드〉에는 이러한 마르탱보다도 더

한 위인이 또 한 명 존재한다.

● 마르탱보다 한 수 위인 베네치아 귀족 포코퀴란테 상원의원

그들은 식탁에 둘러앉아 훌륭한 저녁식사를 한 다음 서재로 들어갔다. 캉디드는 화려하게 제본된 호머의 저서를 보고 취미가 지극히 고상하시다며 찬사를 보냈다. 캉디드가 말했다.

"독일 최고의 철학자인 팡글로스 박사가 가장 애독하던 책이 바로 여기 있군요!"

포코퀴란테가 냉정하게 말했다.

"나는 그렇지 않다오. 전에는 그 책이 재미있게 보였소. 하지만 비슷비슷한 전쟁들의 끊임없는 반복과, 결정적인 일이라고는 아무것도 할 줄 모르는 신들과, 전쟁의 원인이면서도 극중인물로서의 역할이 미미한 헬레네, 그리고 공격하지만 함락되지 않는 트로이, 이 모든 것들이 지겨워 죽을 지경이었소. 나는 가끔 학자들에게 그들도 나만큼 이 책이 지겨웠는지 물어보았소. 솔직한 사람들은 모두가 고백하기를, 그 책을 읽다가 포기하긴 했지만 그래도 서가에 항상 꽂아두어야 한다더군요. 마치 골동품 기념비처럼, 아니면 못쓰게 된 녹슨 메달처럼 말이오."

(중략)

캉디드는 밀턴의 저서를 찾아내고, 이 작가가 위대하다고 생각지 않느냐고 포코퀴란테 경에게 물었다.

"누구요? 창세기 1장에 관해 딱딱한 시구로 열 권에 달하는 해설을 쓴 그 야만인 말이오? 저속하게 그리스 시인들을 모방하여 천지창

조의 내용을 망쳐놓은 작자 말이오? 그는 말씀으로 이 세상을 만드신 하느님의 존재를 대신하는 인물이 모세임에도 불구하고, 메시아를 내세워 그릇된 척도를 가지고 왜곡된 작품을 쓴 사람입니다. 타소의 지옥과 악마를 망쳤고, 루시퍼를 때로는 두꺼비로, 때로는 난쟁이로 변장시키며, 그로 하여금 백 번이나 같은 말을 반복하게 하고 신학에 대해 논쟁을 벌이게 하며, 아리오스토의 희극적 발명품인 총포를 심각하게 흉내 내어 악마로 하여금 하늘에 대포를 쏘게 한 그런 작자를 내가 높이 평가하란 말이오? 나뿐만 아니라 이탈리아 사람이면 어느 누구도 그런 한심한 기상천외함을 좋아할 수 없는 것이오. 죄와 죽음과의 결합이나 죄가 낳은 뱀들의 이야기 따위는 조금이라도 섬세한 취향을 가진 사람이라면 구역질나죠. 또 병원에 대한 긴 묘사는 무덤 파는 인부에게나 좋을 것이오. 그의 음울하고 이상하고 지긋지긋한 시는 발표 당시부터 경멸당했지요. 나는 그가 모국에서 그 당시에 받았던 대우를 오늘날 그대로 해줄 뿐이라오. 게다가 나는 내 생각 그대로를 말하고, 다른 사람들도 나처럼 생각하든 말든 전혀 상관하지 않지요."

캉디드는 그의 말에 마음이 상했다. 그는 호머를 존경했고 밀턴을 약간 좋아했기 때문이었다. (25장)

여기서 우리는 자기가 소유한 모든 것에 염증을 느끼고 있는 사람을 발견하게 된다. 그는 플라톤이 말한 '가장 좋은 위장은 어떤 음식도 거부하지 않는다'라는 말에 정확하게 대립되는 인물이다. 포코퀴란테에게서 일부 배울 점도 있다. 기존의 권위를 일방적으로 받아들이지 않고 이를 풍자하는 측면이라든지, 각자 자기 나름의 시각으로 고전을 바라볼 수 있다는 사고의 전환이 그것이다. 그러나 결국 자기 서재에 꽂혀 있는 거의 모든 책에 대해 인정하려 들지 않는 그의 모습 속에서 우리는 그가 내세우는 자기 식의 사고방식이라는 것이 또 하나의 자기 권위 내세우기요, 지적 독선과 오만일 뿐임을 발견하게 된다.

마르탱의 평가처럼 '즐거움을 갖지 않는 즐거움'이 있다면 모를까? 자기 주관 속에서 세상을 모두 부정하는 사람에게서 우리는 그 어떠한 희망의 흔적도 찾아 볼 수 없다. 그러나 캉디드와 같이 어떤 경우에도 주관적인 평가를 내려서는 안 된다고 교육을 받아온 이들에게는 이런 종류의 만남이 상당히 도움이 될 수도 있겠다. 이러한 정반대 유형의 사람, 즉 자기 주관과 자기 소신으로 꽉 찬 사람을 통해 스스로 생각하는 삶의 단초를 마련할 수도 있겠기 때문이다.

위선에 대한 통렬한 풍자

〈캉디드〉에서 가장 혹독한 풍자의 대상은 교회(성직자)와 정부(법관), 군대(헌병장교) 등 사회 지도층 인사들이다. 그들은 말로 먹고사는 사람들, 즉 말로 권력을 행사하고 부를 축적하는 자들이기 때문이다. 행함이 없이 말과 권위로써 일관하는 위선자들의 모습은 다음과 같은 대목들에서 확인할 수 있다.

캉디드는 여인숙에 들자마자 피로로 인해 가벼운 병에 걸리게 되었다. 그의 손가락에 커다란 다이아몬드 반지가 끼워져 있고 짐 속에는 엄청나게 무거운 작은 상자가 있다는 사실이 알려지자 청하지도 않은 의사가 둘씩이나 득달같이 달려왔고 친한 척하는 이웃사람들이 그의 곁을 떠나지 않았으며, 신앙심 깊은 여신도 두 사람이 따끈한 고기 국물을 만들어 먹여주었다. 마르탱이 이렇게 말했다.

"처음 여행할 때 나도 파리에서 병이 났던 기억이 나는군요. 나는 무척 가난했지요. 그러니 내게는 찾아오는 친구도, 독실한 여신도도, 의사들도 없었는데, 저절로 낫게 되더군요."

그러나 약과 사혈(瀉血) 때문에 캉디드의 병은 중해졌다. 이 동네 성당의 신부가 오더니, 저 세상에 갈 때 저승사자에게 줄 면죄부를 사지 않겠느냐고 은근히 물었다. 캉디드는 그런 것은 전혀 원치 않는다고 말했다. 그러자 옆에 있던 여신도들이, 요즘 다들 그렇게 하는 게 유행이니 안심하고 사라고 권유했다. 캉디드는 자신은 유행과 거리가 먼 사람이라고 대답했다. 마르탱은 신부를 당장 창문으로 집어던지려 했다. 신부는 캉디드에게, 당신은 죽어도 묻어줄 사람 하나 없을 것이라고 단언했다. 마르탱은 만약 계속 이렇게 성가시게 굴면 자기가 신부를 땅에 묻어버리겠노라고 대꾸했다. 언쟁에 불이 붙었다. 마르탱이 신부의 어깨를 잡아 거칠게 내쫓았다. 이 일이 대단한 물의를 빚어, 소송에 걸리기까지 하였다. (22장)

마르탱의 귀띔도 있었던 데다 진짜 퀴네공드를 다시 만나는 일이 더 급한 캉디드는, 법정에 나가 재판을 받느니 차라리 한 개에 금화 3천 피스톨이 나가는 다이아몬드 세 개를 헌병장교에게 주고 흥정하기로 했다.

끝이 상아로 된 곤봉을 옆구리에 찬 헌병장교가 말했다.

"오! 선생, 당신이 상상할 수 있는 모든 죄를 다 지었다 하더라도 당신은 이 세상에서 가장 정직한 분이십니다! 다이아몬드를 세 개씩이나! 한 개에 3천 피스톨이나 하는 것을! 선생! 당신을 감옥에 데려가는 대신에 내 목숨을 바치기라도 하겠소. 거리의 모든 외국인을 체포하게 되어 있지만 그것은 내가 알아서 처리하겠소. 노르망디의 디에프에 동생이 살고 있는데 그곳에 당신들을 데려다드리지요. 그리고 그에게도 다이아몬드를 약간 준다면 그도 나만큼 당신들을 잘 돌봐줄 겁니다." (22장)

신부와 여신도, 의사, 헌병장교. 이들이 노린 것은 캉디드가 지니고 있는 다이아몬드. 다이아몬드 앞에 이들의 신앙도, 의료행위도, 치안행위도 모두 원래의 자리를 이탈한다. 돈의 위력 앞에 굴복한 이들의 모습은 오늘의 우리의 현실과 닮았다. 사람의 목숨 앞에서도 돈으로 모든 걸 재단하고 흥정하려는 이들 상류층의 위선에 대해 볼테르는 책 전편에 걸쳐 신랄하게 풍자하고 있다. 행함이 없는 말은 공허하다는 것, 말이 아닌 실제 일을 통해 살라는 메시지가 글 전편을 관통하고 있는 것이다.

진짜 상류층으로 산다는 것은 뭘까? 물질적인 부귀나 세상의 권력만으로 사회의 지위 여부를 결정한다면 그러한 의미의 상류층은 그리 명예로운 명칭만은 아닐 것이다. 지위에 맞는 품위와 인격을 갖출 때 상류층으로서의 존재 의미가 있을 것이다. 그런 점에서 유럽 사회에서 가진 자의 도덕적 의무를 뜻하는 '노블리스 오블리제'는 상류층으로서의 도덕적 의식과 행동이 어떠해야 할지 잘 보여준다. 오늘 우리 사회에서 이와 관련하여 상류층의 반성과 각성을 촉구하는 목소리가 많은 것도 같은 맥락에 놓여 있다. 군대를 가지 않기 위해 별의별 방법을 다 동원하는 상류층의 꼴사나운 모습이라든지, 부의 세습을 위해 온갖 편법을 다 동원하는 재벌의 행태들을 보고 있노라면 한국 사회에서의 품위 있는 상류층 문화는 요원한 것이 아닌가 회의하게 된다. 찰스 디킨스의 소설 〈데이비드 코퍼필드〉에서 자기 자식만을 위주로 하류층의 여자를 대하는 스티어포스 부인의 모습이 결국 자기 자식과 자신의 파멸로 이어질 수밖에 없었듯이 사회와 타인을 배제한 채 상류층은 스스로 존재할 수 없는 것이다.

Die Hard

"남작은 자기가 나보다 훨씬 더 부당한 판결을 받았다고 주장했고, 나는 회교 왕실의 시종무관과 벌거벗고 같이 있었던 것보다는 여자의 가슴에 꽃다발을 놓아준 것이 훨씬 타당한 일이라고 주장했지. 우리는 이 문제를 놓고 끊임없이 논쟁하느라 하루에 스무 대의 채찍을 맞았다네. 그러던 중 이 우주의 사건들 사이의 연계성으로 인해 자네들이 우리의 갤리선으로 오게 된 것이고, 자네가 우리의 몸값을 지불해 주게 된 것이라네."

캉디드가 물었다.

"그렇다면 존경하는 팡글로스 선생님, 선생님은 교수형을 받고 해부를 당하고 매를 맞고 결국 갤리선의 노까지 젓게 되었는데도 계속 이 세상은 모든 것이 최선으로 되고 있다고 믿으셨습니까?"

"나는 항상 처음과 같은 생각이라네. 왜냐하면 결국 나는 철학자니까. 내가 한 말을 부인한다는 것은 옳지 않은 일이지. 라이프니츠가 옳을 수밖에 없으며, 더군다나 예정조화설은 충족률이나 '단자론'과 마찬가지로 이 세상에서 가장 훌륭한 이론이거든." (28장)

퀴네공드는 아무도 말해 주지 않았기 때문에 자신이 추해진 것을 모르고 있었다. 그녀는 확신에 찬 어조로 캉디드가 그녀와 한 약속을 상기시켰고, 착한 캉디드는 그것을 나몰라라 할 수가 없었다. 그리하여 그는 남작에게 그의 누이와 결혼하겠다고 말했다.

그러자 남작이 잘라 말했다.

"절대로 용납할 수 없네. 자네로 말하자면 그렇게 무례할 수 없는 일이고, 그녀로 말하자면 그렇게 비천하게 굴 수는 없는 일이야. 내가 이런 치욕적인 말을 내뱉는 것에 대해 나를 비난할 사람은 아무도 없을 거야. 자네와 결혼하면 누이의 아이들은 독일의 귀족 모임에 나갈 수 없을 거야. 나의 누이는 무슨 일이 있어도 독일제국의 남작과 결혼해야만 하네."

퀴네공드는 그의 발 밑에 엎드려 눈물을 흘리며 애원했다. 그러나 남작은 막무가내였다.

그러자 캉디드가 말했다.

"정신 나간 양반이로군! 나는 당신 몸값을 지불하여 갤리선에서 구출해 주었고, 당신 누이의 몸값도 치렀소. 이곳에서 겨우 설거지나 하고 있던 그녀를 저렇게 추해졌는데도 아내로 삼겠다고 했소. 그녀를 생각하는 나의 이 착한 마음에도 불구하고 당신은 아직도 우리의 결혼을 반대하고 있다니! 화가 치미는 대로 한다면 당신을 다시 죽여버리고 말았을 거요!"

남작이 말했다.

"나를 다시 죽일 수는 있겠지. 하지만 내가 살아 있는 한 내 누이와 결혼할 수는 없네."(29장)

브루스 윌리스를 일약 대스타로 만든 영화 '다이하드(Die Hard, 1988)'. 아내를 구하기 위해 뉴욕 경찰은 끊임없이 죽을 고비를 넘기고 넘겨 악당들을 다 쳐부순다. 그야말로 불사조다. 캉디드 역시 사랑하는 여인 퀴네공드 공주를 구하기 위해 죽음의 고비를 수차례 넘긴다. 브루스 윌리스나 캉디드 모두 사랑하는 여인을 위해서는 자신의 목숨까지 여러 차례 내놓을 수 있는 열정적인 사나이들이다. 죽음을 넘어선 사랑의 위대함! 그러나 이들처럼 사랑하는 여인에 대한 열정도 없으면서 계속 죽었다 살아나는 이들이 있다. 바로 팡글로스와 남작이 그들이다. 두 번이나 죽었다 살아나서도 변치 않는 이들의 투철한 철학과 신분 의식에 경의를 표한다. 작가는 이러한 동화 같은 삶과 죽음의 과정을 통해 무엇을 말하고자 한 걸까? 인간의 그릇된 관습과 신념이 얼마나 완고하고 질길 수 있는지를 보여주고자 한 건 아닐까? 이런 측면에서 보면 마르탱의 인간 본성에 대한 비관주의에 얼마간 수긍이 가기도 한다. 그러나 작가 볼테르는 인간의 자유의지에 대한 희망을 끝내 포기하지 않는다. 다만 그것을 깨닫기까지의 과정이 심히 험난하다는 것이다.

이제는 우리의 밭을 가꾸어야 한다.

그들이 사는 곳에서 얼마 떨어지지 않은 곳에 터키에서 가장 훌륭한 철학자로 통하는 유명한 회교 탁발승이 살고 있었다. 그들은 자문을 구하러 그를 찾아갔다. 팡글로스가 대표로 말문을 열었다.

"승려님, 인간이라고 하는 괴상스런 동물이 왜 생겨났는지 당신께 물어보려고 왔습니다."

회교 승려는 대뜸 이렇게 쏘아붙였다.

"그것이 너와 무슨 상관이 있지? 그게 네가 끼여들 일이라고 생각하느냐?"

그러자 캉디드가 다시 물었다.

"하지만 승려님, 지상에는 악이 끔찍하게도 많이 존재합니다."

"악이 존재하건 선이 존재하건 무슨 상관이야? 황제 폐하께서 이 집트로 배를 보낼 때 배 안의 생쥐가 편히 있는지 그렇지 않은지 염려 하신다던가?"

이번에는 팡글로스가 물었다.

"그럼 우리는 어떡해야 되지요?"

"입을 다물어야지." 회교 승려가 대답했다.

"나는 최선의 세계, 원인과 결과, 악의 근원, 인간의 본성, 그리고 예정조화 등에 대해 당신과 토론하기를 기대했었지요."

팡글로스의 말에 회교 승려는 그들을 내쫓고 면전에서 문을 닫 아 버렸다.

(중략)

팡글로스와 캉디드와 마르탱은 그들의 작은 농토로 돌아오는 길 에 자기 집 문앞, 오렌지 나무 그늘에서 바람을 쐬고 있는 어느 무던 한 노인을 만났다. 따지기 좋아하는 만큼 호기심도 많은 팡글로스가 방금 목졸려 죽은 회교 승려의 이름이 무엇이냐고 물어보았다.

"나는 모르겠소. 나는 평생 회교 승려나 현직 고관의 이름을 기 억해 본 적이 없습니다. 당신이 말하는 사건에 대해서는 전혀 아는 바 가 없어요. 내가 추측컨대 공무에 관여하는 사람은 가끔 비참하게 죽 습니다. 또 그래야 마땅하구요. 하지만 나는 콘스탄티노플에서 일어나 는 일에 대해 전혀 알려고 하지 않습니다. 나는 내가 가꾸는 밭에서 나는 과일을 그곳에 내다 파는 걸로 만족해요." (30장)

캉디드 일행이 콘스탄티노플 근교에서 만난 노인은 가족과 함께 작은 농원을 가꾸면서 살고 있다. 손님에게 신선한 과일과 향내 나는 커피를 대접하며 그는 삶의 보람에 대해 이렇게 말한다. "일은 우리를 커다란 세 가지 악, 즉 권태와 방탕 그리고 가난에서 해방되게 하는 것이지요." 쓸데없이 논쟁하지 말고 그 시간에 자기 삶을 가꾸는 게 낫다는 말이다. '말할 수 없는 것에 대해서는 침묵해야 한다'는 비트겐슈타인의 말이 생각나는 대목이다. 신, 인간, 자유 등 형이상학(세계의 모습을 어떤 근원적인 근거나 원리로 환원해서 설명하는 철학)적인 주제에 대한 큰 이야기는 인간의 구체적인 삶의 맥락과 관계를 떠나서는 무의미한 논쟁에 불과할 뿐이다. '인간의 보편적 해방', '세계의 절대적 인식'과 같은 보편성과 절대성의 추구는 우리의 작은 삶의 문제에 별로 도움이 되지 않는다는 말이다. 왜냐하면 구체적인 개인의 삶들 속에는 하나의 원리로 환원할 수 없는 다양한 차이가 존재하기 때문이다. 이러한 차이를 무시한 채 획일적으로 진행되는 모든 '주의'들은 하나의 목표와 방향을 제시하고 모두에게 강요한다는 점에서 전체주의적 속성을 띠게 된다. 자기의 삶을 스스로 개척해 나가면서 자기 삶의 가치와 의미를 깨닫지 않는 가운데서 진행되는, 그 어떠한 세계의 원리나 구조에 대한 논쟁도 무의미하다는 것이다. 행위가 없는 가운데 하나의 합의와 동질성만을 도출하고자 하는 이론가들의 논의는 이미 진리를 상정하고 있다는 점에서 다분히 폭력적이다.

끝까지 말장난을 즐기는 우리의 낙관주의 철학자 팡글로스에게 캉디드는 말한다. "옳은 말씀이십니다. 그러나 이제는 우리의 밭을 가꾸어야 합니다." 밭을 가꾸는 삶은 말과 논리를 앞세우는 공허한 삶이 아니라 일과 놀이가 동시에 이루어지는 실제적이고 구체적인 삶을 가능하게 한다. 이처럼 즐거우면서도 유익한 세상을 우리는 흔히 이상향 혹은 유토피아라고 부른다. 캉디드가 돌아다닌 곳 중에서 "이 두 가지가 모두 충족되도록 꾸며진 장소"는 한 곳밖에 없었다. 이상향인 엘도라도뿐이었다. 작가가 지향한 유익하면서도 즐거운 세상은 과연 어떤 모습일까?

이상향 엘도라도의 모습

캉디드가 말했다.

"베스트팔렌보다 더 좋은 곳이 바로 여기 있구나!"

카캉보와 그는 처음 마주친 마을로 들어섰다. 마을에는 몇몇 아이들이 금실로 짠, 해진 비단옷을 걸치고 마을 어귀에서 공기놀이를 하고 있었다. 다른 세상에서 온 두 나그네는 그들을 재미있게 지켜보았다. 아이들이 가지고 노는 공깃돌은 제법 큰 동전 모양이었는데 노랑, 빨강, 초록 빛깔로 특이한 광채를 발하고 있었다. 그 빛 때문에 두 나그네는 돌을 몇 개 주워보고 싶다는 생각이 들었다. 그 돌들은 금과 에메랄드와 루비였으며, 그 중에 제일 작은 것도 무굴 황제의 왕관장식 중 가장 큰 보석으로 쓸 수 있을 정도의 크기였다.

카캉보가 말했다.

"공기놀이를 하는 저 아이들은 틀림없이 이 나라 왕의 아들들일 겁니다."

그때 마을의 교사가 나타나서 아이들을 학교로 불러들였다.

"저 사람이 왕실의 가정교사로군." 하고 캉디드가 말했다.

개구쟁이들은 즉시 놀이를 멈추고, 갖고 놀던 돌들을 땅에 그대로 버려둔 채 학교로 들어갔다. 캉디드는 그것들을 주워 교사에게 달려가서 공손히 내밀며, 왕손들께서 금과 보석을 잊어버리고 두고 가셨노라고 손짓발짓으로 말했다. 마을의 교사는 미소지으며 그것들을 땅에 던져버리고, 무척 놀랍다는 표정으로 캉디드의 얼굴을 잠시 쳐다보더니 다시 학교로 들어가버렸다.

두 나그네는 이때다 하고 금과 루비와 에메랄드를 주워넣었다.

캉디드가 소리쳤다.

"여기가 대체 어디지? 황금과 보석 보기를 돌같이 하라고 배운 것을 보면 이 나라 왕손들은 틀림없이 교육을 잘 받은 거야." (17장)

항상 형이상학에 관심이 깊은 캉디드는 마침내 카캉보를 통해 이 나라에 종교가 있는지 물어보았다.

노인은 얼굴을 약간 붉히며 말했다.

"아니! 어떻게 그것을 의심할 수 있습니까? 그렇다면 당신은 우리를 은혜도 모르는 사람들로 보십니까?"

카캉보가 엘도라도의 종교는 무엇인지를 겸손하게 물었다.

노인은 이번에도 얼굴을 약간 붉혔다.

"그럼 종교가 둘일 수도 있습니까? 우리는 이 세상 모든 사람들과 같은 종교를 갖고 있다고 생각하는데요. 우리는 저녁부터 아침까지 신께 경배한답니다."

이것저것 알고 싶은 캉디드의 통역 노릇을 계속하면서 카캉보가 물었다.

"이곳 분들은 오직 하나의 신만을 숭배하십니까?"

"물론이지요. 신은 둘일 수도, 셋일 수도, 넷일 수도 없어요. 솔직히 말해서 당신네 세상의 사람들은 참 이상한 질문도 다 하는군요."

캉디드는 지치지 않고 이 선한 노인에게 질문을 했다. 그는 엘도라도에서는 어떻게 신에게 기도하는지를 알고자 했다.

"우리는 기도를 하지 않습니다. 우리는 신에게 청할 것이 아무것도 없어요. 신은 우리에게 필요한 것은 다 주셨으니까요. 우리는 끊임없이 감사하고 있을 뿐이지요."

선하고 존경받을 만한, 어진 노인은 이렇게 말했다.

캉디드는 호기심에 성직자들을 만나보고 싶어했다. 그래서 그들이 어디 있는지 물어보도록 했다. 선한 노인이 빙그레 웃으며 말했다.

"여보시오들, 우리는 모두가 성직자라오. 매일 아침 왕과 모든 가장들이 5, 6천 명쯤 되는 음악가들의 장엄한 연주에 맞춰 신의 은총을 찬미하는 성가를 부르지요."

"뭐라구요? 성직자들이 없다구요? 가르치고, 서로 논쟁하고, 통

치하고, 음모를 꾸미고, 자신과 견해가 다른 사람들을 화형시키는 성직자들이 없단 말입니까?" (18장)

위의 대목은 캉디드가 유토피아인 엘도라도에서 받은 충격들을 잘 보여준다. 이는 곧 서구문명에 대한 비판이기도 하다. 여기서 얻을 수 있는 교훈은 크게 두 가지 정도로 정리할 수 있다. 하나는 금전관, 즉 '황금을 보기를 돌같이 하라'는 가르침. 어째 우리의 최영 장군이나 황희정승 같은 청렴결백한 조상들의 모습이 떠오른다. 최영 장군 같으신 분들이야 어린 시절 아버지와 같은 어른들의 가르침 속에서 이를 삶 속에 체화했겠지만, 이 엘도라도의 아이들은 그러한 금전관을 갖게끔 삶의 조건이 이미 그렇게 주어져 있다. 여기서 우리가 목격하는 것은 자본주의의 물신주의에 대한 풍자다. 화폐가 단지 교환의 수단이 아닌 삶과 인간의 가치를 재는 유일한 척도가 되어버린 것에 대해 반성하게 한다. 사람들이 절대시하는 금과 에메랄드와 루비가 지천에 깔려 있어 아이들의 장난감 구실을 하는 엘도라도의 모습은 분명 하나의 신선한 충격으로 다가온다. 오늘날 우리 자본주의사회에서는 도저히 상상할 수 없는 풍경, 그러나 우리가 한 번쯤 꿈꾸었음직한 풍경이다.

다음으로는 종교관, 즉 항상 감사하는 삶이 바로 종교적 삶이라는 가르침. 앞에서 보았듯 성직자의 위선과 타락은 이미 본연의 신앙과는 거리가 멀다. 절대자에 대한 믿음 속에서 자신의 내밀한 기쁨과 위로를 누리고 삶의 고통과 죽음의 공포를 이겨내는 영성으로서의 신앙이 아닌 것이다. 종교 역시 돈과 권력에 파묻혀 세상에 군림하는 제도로서의 기능으로 추락한 현실에 대한 볼테르의 신랄한 풍자가 여기서 또 한 번 드러나고 있다.

위에서 드러난 유토피아상은 사실 토머스 모어의 〈유토피아〉와 동일하다. 볼테르가 토머스 모어로부터 유토피아의 모습을 상상한 것처럼 우리 모두의 유토피아는 인간의 자유로운 해방을 꿈꾼다는 점에서 결국에는 동일한 맥락 속에 놓여 있는 게 아닐까.

〈1-1〉

　갑자기 떨어진 돌무더기에 캉디드가 다쳤다. 그는 길에 쓰러져 폐허의 잔해 속에 파묻혔다. 그가 팡글로스에게 말했다.

　"아! 제게 포도주와 기름 좀 구해다주세요. 죽을 것 같아요."

　"이번 지진은 전혀 새로운 것이 아니라네. 작년에 아메리카 대륙에서 리마 시도 이와 같은 지진을 겪었지. 똑같은 원인에는 똑같은 결과가 따르는 법이니까. 틀림없이 리마에서 리스본까지 지하에 유황길이 뻗어 있을 거야." 팡글로스가 말했다.

　"참 그럴 듯한 생각이군요. 그런데 제발 포도주와 기름 조금만 갖다주세요." 캉디드가 말했다.

　"그럴 듯하다고? 이미 입증된 사실이라니까." 철학자가 대꾸했다.

　마침내 캉디드가 의식을 잃자 팡글로스가 근처의 샘에서 물을 조금 가져다주었다.

〈1-2〉

　"이 모든 것이 최선의 상태이기 때문에 일어난 일입니다.

왜냐하면 리스본에 있는 화산은 다른 곳에는 있을 수 없기 때문입니다. 왜냐하면 사물은 현재 있는 곳에 있지 않을 수 없기 때문입니다. 왜냐하면 모든 것이 잘 되어 있기 때문입니다."

종교재판소의 관리를 맡고 있는 자그마한 흑인이 그의 옆에 있다가 정중히 말을 받아 이렇게 말했다.

"분명히 선생님은 원죄를 믿지 않으시는군요. 만약에 모든 것이 최선으로 되어 있다면 타락도 없고 벌도 없어야 되지 않겠어요?"

팡글로스가 더욱 공손히 대답했다.

"대단히 죄송합니다만, 인간의 타락과 저주도 필연적으로 이 최선의 세계의 한 부분이라고 생각합니다."

"선생님은 그럼 자유를 믿지 않으십니까?"라고 흑인이 물었다.

"죄송합니다만, 자유는 절대적 필연과 함께 존속할 것입니다. 우리가 자유로운 것은 필연적인 일이었습니다. 왜냐하면 결국 확고한 의지란…."

팡글로스가 한참 말하고 있는데, 그 관리는 '포르토'인지 '오포르토'인지 하는 포도주를 따르고 있는 무장한 하인에게 고갯짓으로 신호를 보냈다.

⟨2⟩

시종과 함께 길을 가던 기사의 눈에 길 위로 커다란 먼지가 구름처럼 일어나는 것이 보였다.

"오늘이 바로 그 날이다. 내 운명이 날 위해 준비해 둔 커다란 행운이 이제야 날 찾아왔구나. 기사의 모험에 대한 역사책에 기록된 대로 나는 오늘 실력을 발휘해서 후세에 영원히 빛나는 명예를 얻게 될 것이다. 저기를 보거라. 저 엄청난 먼지 구름은 바로 수많은 기사와 병사들이 진군하면서 일으키고 있는 것이니라."

"저쪽 말고 이쪽에서도 먼지가 일어나고 있는데요."

기사가 고개를 돌려보니 사실이었다. 그는 이 두 군대가 맞부딪쳐 격렬한 전투를 벌일 것이라고 생각했다. 기사가 너무 확신하고 있었기에 시종도 믿을 수밖에 없었다.

"그럼 우리는 어떻게 하죠?"

"어쩌긴, 당연히 약한 편을 도와야지."

그러나 두 무리가 가까이 오자 먼지를 일으키는 것이 양떼였음이 드러났다. 시종이 말했다.

"아이고, 세상에. 내 눈에는 주인님이 말씀하신 군대는커녕 기사나 말의 코빼기도 안 보입니다. 또 다시 마법에 걸리셨나 봅니다."

"뭔 소리를 하는 거냐. 말이 울부짖는 소리며 진군 나팔과 북 소리가 안 들린다는 말이냐?"

"양떼가 움직이는 소리밖에는 아무것도 들리지 않는데요."

"이런 겁쟁이 같으니라구. 눈앞에 보이는 것도, 확연히 들리는 것도 사실이 아니라고 하다니. 필경 두려움에 눈이 멀고 귀까지 멀었나 보구나."

그러면서 기사는 말에게 박차를 가하며 약한 편을 구하려고 양떼 속으로 달려 들어갔다.

〈문제〉 〈캉디드〉에서 볼테르가 공격의 대상으로 삼은 사고방식은 〈돈키호테〉에서 세르반테스가 풍자한 현실에 대한 자세와 동일한 맥락 속에 놓여 있다. 아래의 제시문을 참조하여 그 동일한 사고방식이 무엇인지 밝히고, 그러한 사고방식과 자세가 드러나기에 적합한 상황과 조건, 그리고 그것이 초래할 문제점에 대하여 논하시오.

다락원 논술노트 014

캉디드

펴낸이 정효섭
펴낸곳 (주)다락원

초판 1쇄 인쇄 2006년 11월 10일
초판 1쇄 발행 2006년 11월 15일

책임편집 안창열, 김지영
디자인 손혜정, 박은진
번역 장봉진
삽화 손창복

다락원 경기도 파주시 교하읍 문발리 509-1
Tel:(02)736-2031 Fax:(02)732-2037
(내용문의: 내선 520/구입문의: 내선 113~114)
출판등록 1977년 9월 16일 제300-1977-23호

Copyright ⓒ 2006, 다락원

값 8,500원

ISBN 89-5995-129-3 43740
       978-89-5995-129-1 43740

패턴 따라 쉽게 쓰는 틴틴 영어일기 1, 2

❶ 일상생활 패턴정복
❷ 학교생활 패턴정복

중학교에 다니는 여학생과 남학생이 각각 일상생활과 학교생활을 중심으로 1년간의 일을 쉽고 재미있게 쓴 영어일기. 중학생이라면 누구나 한번쯤 겪어봤을 만한 일들을 바탕으로 한 다양한 일기 소재와 어휘가 제공되어 있기 때문에, 영어일기를 통해 영작을 연습하려는 학습자에게 큰 도움이 될 수 있는 교재이다. 중·고생뿐만 아니라, 중학 영어를 미리 예습하려는 예비 중학생들에게도 아주 효과적인 영어 학습서로 강추!

◻ 정미선 지음 / 4·6배 변형 / 192면
◻ 정가 10,000원 (오디오 CD 1개 포함)

Teen Teen Diary (전3권)

❶ 매일 10단어로 뚝딱 중학생 영어일기

중1 수준의 어휘와 문장으로, 영어일기와 일상회화에 대한 감각을 익힌다.

◻ 정미선 지음 / 신국판 / 144면
◻ 정가 7,500원 (테이프 1개 포함)

❷ 매일 5문장으로 술술 중학생 영어일기

중2 수준의 어휘와 문장으로, 영어일기에 친숙해지고 자신감을 쌓는다.

◻ 정미선 지음 / 신국판 / 152면
◻ 정가 7,500원 (테이프 1개 포함)

❸ 매일 내맘대로 쓱싹 중학생 영어일기

중3 수준의 어휘와 문장으로, 중학영어를 마스터하고 미국의 일상회화에 익숙해진다.

◻ 정미선 지음 / 신국판 / 144면
◻ 정가 7,500원 (테이프 1개 포함)

지니의 미국생활 영어일기 Hello! America (전2권)

❶ 가을학기 ❷ 봄학기

어느 한국 여학생의 미국생활 이야기를 일기 형식으로 담은 책. 1권은 '가을학기', 2권은 '봄학기'편으로, 총 1년간의 미국 학교생활 및 일상생활에 관한 흥미로운 이야기들이 담겨 있다. 미국 학생들의 실생활을 바탕으로 한 탄탄한 스토리로 살아 있는 현지 영어와 미국문화를 체험할 수 있을 뿐만 아니라, 영어 독해 및 영작 연습을 할 수 있는 아주 유용한 교재이다.

◻ 이지현 지음 / 국배판 변형 / 152면
◻ 정가 8,500원

영어 독해력 증강 프로그램
행복한 명작 읽기

〈행복한 명작 읽기〉는 기초가 약한 영어 초급자나 초, 중, 고 학생들이 보다 즐겁고 효과적으로 명작들을 읽으며 독해력을 키울 수 있도록 개발된 독해력 증강 프로그램입니다.

국판 | **Grade 1, 2, 3** 각권 **6,000**원(오디오 CD 1개 포함)
Grade 4, 5 각권 **7,000**원(오디오 CD 1개포함)
*어린왕자 **8,000**원(오디오 CD 2개 포함)
고도를 기다리며 **9,000원(오디오 CD 2개 포함)

책의 특징

1 골라 읽는 재미가 있다. 초보자를 위한 350단어 수준에서 중고급자를 위한 1,000단어 수준까지 5단계 구성.
2 단계별로 효과적인 영어 읽기 요령과 영문 고유의 참맛을 느낄 수 있는 장치가 곳곳에.
3 읽기만 해도 영어의 키가 쑥쑥 – 해석을 돕는 돼지꼬리(↙), 영어표현 및 문법 설명, 퀴즈가 왕창.
4 체계적인 듣기 학습까지. 전문 미국 성우들의 생동감 넘치는 원음을 담은 오디오 CD 제공.

Grade 1 Beginner	Grade 2 Elementary	Grade 3 Pre-intermediate	Grade 4 intermediate	Grade 5 Upper-intermediate
350words	**450**words	**600**words	**800**words	**1000**words
1 미녀와 야수	11 이솝 이야기	21 톨스토이 단편선	31 오페라 이야기	41 센스 앤 센서빌리티
2 인어공주	12 큰 바위 얼굴	22 크리스마스 캐럴	32 오페라의 유령	42 노인과 바다
3 크리스마스 이야기	13 빨간머리 앤	23 비밀의 화원	33 어린 왕자*	43 위대한 유산
4 성냥팔이 소녀 외	14 플랜더스의 개	24 헬렌 켈러, 나의 이야기	34 돈키호테	44 셜록 홈즈 베스트
5 성경 이야기 1	15 키다리 아저씨	25 베니스의 상인	35 안네의 일기	45 포 단편선
6 신데렐라	16 성경 이야기 2	26 오즈의 마법사	36 고도를 기다리며**	46 드라큘라
7 정글북	17 피터팬	27 이상한 나라의 앨리스	37 투명인간	47 로미오와 줄리엣
8 하이디	18 행복한 왕자 외	28 로빈 후드	38 오 헨리 단편선	48 주홍글씨
9 아라비안 나이트	19 몽테크리스토 백작	29 80일 간의 세계 일주	39 레 미제라블	49 안나 카레니나
10 톰 아저씨의 오두막	20 별 | 마지막 수업	30 작은 아씨들	40 그리스 로마 신화	50 나에겐 꿈이 있습니다 –명연설문 모음

쉬운 영문을 통해 영어 독해에 대한 막연한 두려움을 없앤다
왕초보 기초다지기

실력에 맞게 효과적으로 끊어 읽으며 직독직해 훈련을 한다.
실력 굳히기

영문판 원서 도전을 위한 전 단계의 준비과정이다.
영어의 맛 제대로 느끼기